经济的常识

中国经济的变与不变

姚洋 著

中信出版集团 | 北京

图书在版编目（CIP）数据

经济的常识 / 姚洋著 . -- 北京：中信出版社，2022.10（2023.4重印）
ISBN 978-7-5217-4743-0

Ⅰ.①经… Ⅱ.①姚… Ⅲ.①经济学－通俗读物 Ⅳ.① F0-49

中国版本图书馆 CIP 数据核字（2022）第 164472 号

经济的常识

著者：姚洋
出版发行：中信出版集团股份有限公司
（北京市朝阳区东三环北路 27 号嘉铭中心　邮编　100020）
承印者：宝蕾元仁浩（天津）印刷有限公司

开本：787mm×1092mm 1/16　印张：20　字数：225 千字
版次：2022 年 10 月第 1 版　印次：2023 年 4 月第 3 次印刷
书号：ISBN 978-7-5217-4743-0
定价：69.00 元

版权所有·侵权必究
如有印刷、装订问题，本公司负责调换。
服务热线：400-600-8099
投稿邮箱：author@citicpub.com

目 录

序言　用常识思考经济问题　... V

第一部分
读懂中国经济的外部环境

第一章　大象难以隐身树后　... 003
　　　　新冠肺炎疫情后的中国与世界　... 003
　　　　中国走向世界经济强国的四个严峻挑战　... 015
　　　　中国经济最让人担心的不是创新　... 022
　　　　全球新挑战与新变局下的中国经济　... 033

第二章　中美关系至关重要　... 051
　　　　中美经贸关系——关于中国定位的两个原则　... 051
　　　　警惕中美脱钩论中的利益企图　... 056
　　　　不要让贸易战动摇中国开放创新的基本原则　... 070

第三章　用世界坐标看中国　... 075

中国无须跟随欧美"放水"刺激经济　... 075

中国式创新，可对德国和美国模式兼收并蓄　... 079

中国经济如何破解"日本综合征"　... 084

越南不可能成为替代中国的 Plan B　... 087

中国能直接复制新加坡的体制吗？　... 091

中国经济学的世界贡献　... 096

第二部分
读懂中国经济的关键转型

第四章　解读重要战略　... 107

中国经济的新周期与新战略　... 107

如何理解中国经济的双循环　... 120

共同富裕，须精准提高民众收入能力　... 144

共同富裕离不开教育公平　城乡教育差距急需缩小　... 148

小农经济过时了吗？　... 153

城市化 2.0 与乡村振兴的内在逻辑　... 156

振兴消费仍然是中国经济的重大挑战　... 162

改革金融体系是治理中国经济失衡的良药　... 169

金融应如何支持民营企业发展　... 172

积极应对气候变化有利于经济增长方式转变　... 176

"城市化 2.0"与中国经济新趋势　... 179

第五章　**把握重要原则** ... 185

　　坚定不移建设制造强国 ... 185

　　发展自主技术不要忘记两个重要原则 ... 192

　　中国该如何选择创新的路径 ... 197

　　政府要减少创新陪练，多谋中长期公共服务 ... 204

第三部分
读懂中国经济的制度基础

第六章　**国家治理的历史智慧** ... 213

　　中国古代政治对当代国家治理的启示 ... 213

　　政治秩序的历史演进 ... 227

　　东西方文明的分流与合流 ... 244

　　现代化在中国的脚步 ... 261

第七章　**中国经济的底层逻辑** ... 277

　　对中国改革开放的哲学思考 ... 277

　　从过去 70 年到未来 30 年：中国经济的逻辑与挑战 ... 283

　　一则关于中国经济增长的短故事 ... 295

　　中国模式及其前景 ... 301

序言
用常识思考经济问题

经济学发展到今天，不为人知的知识越来越少。经济学家为了发表论文，或者纯粹是为了吸引眼球，会造出一些"新颖"的理论来。由此带来的一个后果是，经济学研究越来越脱离实际、越来越脱离常识。在美国的经济学界，对于多数经济学家来说，发表文章的目的就是发表本身。在研讨会上，没有多少人去挑战研究题目本身的意义，而是纠缠于论证的过程是否完美。等论文发表之后，也没有人在意文章说了什么，大家关注的反而是文章发在哪本杂志上。

这股风气也传到国内，"为发表而发表"已经成为目前国内经济学界的主流取向。现在大学都强调要在国际上发表文章，这就要求国内学者关注"国际学者"关注的问题，而不是关注对中国而言的重要问题。所以我们就看到研究基础设施的作用、政商关系、贸易开放的影响、信贷约束与宏观政策等类似问题的文章比比皆是，而今天中国面临的大问题，如地方政府的行为、宏观政策的有效性、人口老龄化的应对、社会主义条件下的要素分配等，却很少有人研究。

建立中国自己的经济学已经成为共识，但以目前经济学界的状况而论，实现这个目标遥遥无期。

我一向主张，好的经济学研究要遵循两个"有用"标准：一是对理解或改造中国有用，二是对经济学的发展有用。中国经济学家生活在中国，做对中国有用的研究是理所当然的事情。从个人角度来说，这样的研究对人生的成长和完善是有好处的。人是社会动物，想得到社会的承认是人之常情。做对中国有用的研究，才可能对身处其中的中国社会有所影响，因而也是学者获得社会承认的第一步。放大一点儿，经济学家既然标榜自己的学科是"经世济民"的学科，那就应该为社会做点儿有用的事情，而不仅仅是作为社会的旁观者或批评者。作为学者，经济学家不能只满足于为社会做事情，还要对经济学本身的发展做出贡献。这就要求经济学家在研究中国特殊性的过程中抽象出一些普遍性的原理，以补充现有文献的不足，甚或创造新的理论。

总体而言，理想的经济学家应该像韦伯对从事政治研究的年轻人的要求那样，把经济学研究作为一种"志业"，就是把自己看作研究对象，即社会中的一员，并立志让它变得更好。"志业"与"职业"的最大区别是，前者是自己的事业，后者是自己谋生的工具，高下自明。

中国正处在一个伟大的转型时代，为社会科学研究提供了无数鲜活的案例和素材，关注当下，才不枉一个学者的一生。历史上留下来能够影响后人的理论，都是对作者所处时代的最佳回应。深入中国经济大潮之中，发现它的底层逻辑，是创造属于中国的新理论的不二法则。

本书收集的是我过去一段时间对中国经济的观察和思考。其中一些是我演讲的整理稿，另一些是我为报纸杂志撰写的面向公众的文章。自1997年博士毕业回国工作以来，我就坚持参与国内公众和政策讨论，发表了大量面向普通大众和知识界的文章。在撰写这些文章的过程中，我学会了如何与非经济学专业人士进行沟通。教MBA（工商管理硕士）的中国经济课程之后，我进一步琢磨如何把艰深的经济学道理讲得能让非专业人士听懂。我还在各类论坛上发表演讲，这就更需要深入浅出，让普罗大众能够把握经济大势和政府政策背后的逻辑。

从这些经历中，我悟出一个道理：所有的经济学理论都可以还原到常识。亚当·斯密当年写《国富论》就是从常识出发。启蒙运动打破了教会对人的思想和行为的束缚，人性得到彰显。但在这个成就之后，一个随之而来的问题是：人性完全自由之后，人性中的侵略成分是否会导致道德的沦丧？斯密从常识出发，提出自由交换可以成为疏导人性的机制——在市场里，因为人们的交换是自由的，所以他们的境况不可能变得更差。因为斯密的贡献，经济学是建立在常识基础上的。好的经济学家在从理论模型中得到结论之后，一定要给出结论背后的直觉来，如果结论不符合直觉，就有理由怀疑结论的可靠性。这里的直觉就是常识。中国经济还在增长过程中，经济学因而还是显学，经济学家在社会上有很强的话语权。于是我们看到，一些经济学家喜欢就时事和政府政策发表宏论，看似逻辑很严密，能够唬住很多人，但是常常不符合常识，因此肯定是错的。

一位经济学界的朋友曾经这样评价国内外的经济学家：他们在做一些无害的游戏。如果仅仅如此也就罢了，但许多人把这种态度搬到现实中，习惯于说正确的废话，这就有害了。一是脱离现实，说废话的人多了之后，就会遮盖真问题；二是造就一种虚情假意的社会风气，助推"假事认真做，真事没人做"的局面。多数人说废话，不是因为他们不知道真实情况，而是不敢说出真实情况。我的态度则是：如果不能说真话，我情愿闭嘴。本书收集的文章和演讲，体现了这个态度。

感谢北京大学国家发展研究院（以下简称"国发院"）传播中心主任王贤青确定选题。感谢中信出版社各位编辑在本书出版过程中的辛勤付出，仅本书的书名，他们就反复斟酌、几次修改。书中如果还有错误和不当表述，是我个人的责任。

2022 年 8 月 30 日

第一部分

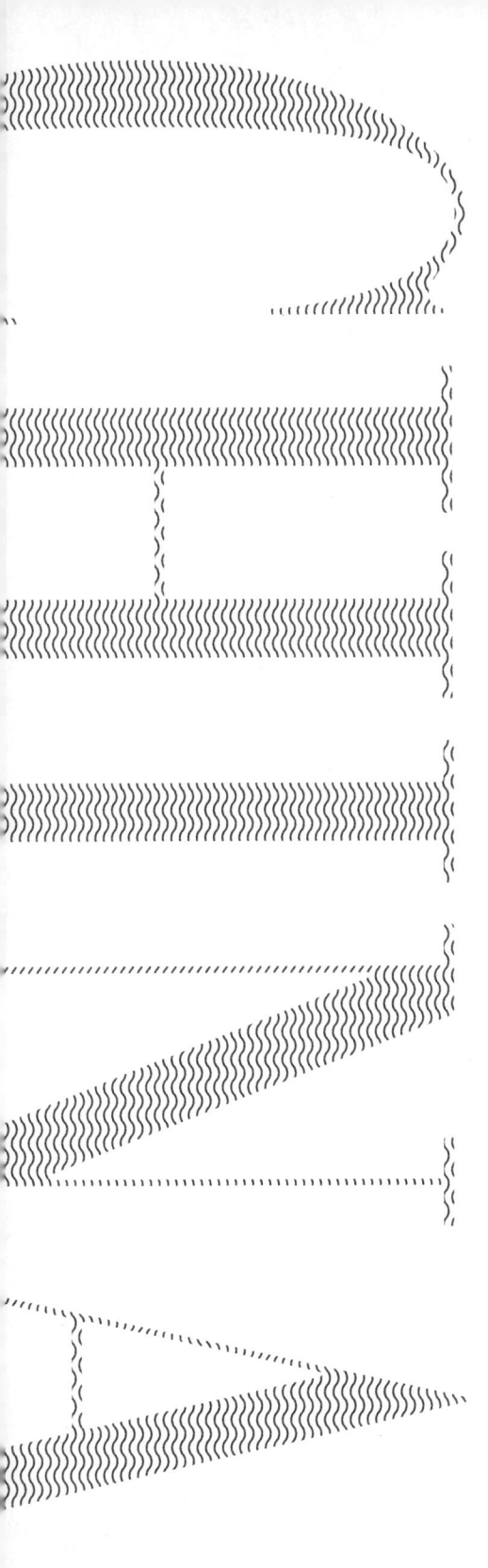

读懂中国经济的外部环境

第一章 大象难以隐身树后

新冠肺炎疫情后的中国与世界[①]

新冠肺炎疫情开始后的一段时间,中美"脱钩论"非常流行,海外好像也掀起了一股围堵中国的风气,类似的信息或传言很多。我们究竟应该如何看待此事?这涉及对中国与世界关系的思考,尤其是疫情带来了什么样的变量。

新冠肺炎疫情引发的关注点

新冠肺炎疫情引发的第一个关注点就是美国发起的追责和病毒溯源行动。

国内外对此都高度重视。美国是发动这次追责和病毒溯源的急

---

① 本文为 2020 年 5 月 4 日北大博雅特聘教授、北大国发院院长、南南学院执行院长、中国经济研究中心主任姚洋在"北大创业大讲堂公益直播周第二季"的线上演讲。

先锋。最初是一些美国议员提议，比如共和党参议员马尔科·鲁比奥这样的反华人物，提出追责和病毒溯源，然后意欲索赔。之后，同样具有强烈反华立场的国务卿蓬佩奥也到处宣称要追责和溯源，最近美国总统特朗普也加入这一行列。国际上，澳大利亚外长跟随美国，明确提出要追责。欧盟、联合国秘书长也相继表态，希望追踪病毒起源，但都比较中立，并不是针对中国。

从科学角度看，病毒溯源对于今后预防类似的传染病有帮助，但是特朗普、蓬佩奥所代表的美国，还有澳大利亚，都自有目的。欧盟和联合国当然也受到影响，不过比较中立。

新冠肺炎疫情引发的第二个关注点是索赔问题。

索赔首先由美国佛罗里达州一家律师事务行发起，后来演变成美国多个州向中国索赔。蓬佩奥、特朗普也均暗示它们可以向中国要求索赔。对此，有人担心中国在美国的资产安全，比如中国持有1万多亿美元美国国债，以及其他数量庞大的资产，美国会不会直接冻结这些资产。虽然其他国家，比如印度，也有一些索赔呼声，但主要停留在民间，还没有政府官员宣称要向中国要求索赔。

新冠肺炎疫情引发的第三个关注点是脱钩论。

全球产业链确实因为疫情而有所中断，因此有人担心疫情过后产业链断裂情形继续，然后发生重组。也有人担心很多企业离开中国，造成所谓的"去中国化"，使我们失去20多年在全球价值链上积累的制造能力。甚至还有部分人担心别的国家对中国实行禁运，导致中国被挤出世界产业链。

新冠肺炎疫情引发的第四个关注点是世界格局巨变论。

"巨变论"指的是世界可能以新冠肺炎疫情为分水岭，疫情之前是一个世界，疫情之后是另外一个世界。这方面声音比较响亮的是基辛格，但是对于世界格局会变成什么样，他语焉不详。其他持有相同观点的人也都未明确世界格局到底如何改变。总体上，持这一说法的人较多，但是内容都比较空泛。

如何正确地思考和应对

上述四种流行观点值得我们关注，但更需要对此有理性的认知，尤其是应该进一步思考中国该如何应对。

首先，索赔言论几乎可以忽略。

国内也有很多知名人士撰文，认为要警惕美国冻结中国在美资产。对一个主权国家的资产进行冻结甚至没收，在战争时期的确有可能发生。一战期间，美国就没收了德国默克公司在美国的资产，这也是美国默克公司的由来。现在，美国默克公司甚至成为比德国默克公司更大的药企。但是在非战争状态下，美国在1976年颁布的法律中已经明确：美国个人或国家都不能起诉其他主权国家。

对其他国家而言，主权国家之间同样不能互相起诉，否则全世界又将被"丛林法则"支配。如果因为这次新冠肺炎疫情就允许美国起诉中国，甚至法院宣判美国胜诉，那包括中国在内的其他国家是不是也应该因2008年的金融危机起诉美国？

即使特朗普政府没有底线，美国司法系统还有一定的独立性，法官也没有糊涂到不顾本国法律来宣判美国可以要求索赔。当然，美国也可以修改法律，但是必须国会同意，目前来看这种可能性几乎为零。所以，美国截流、冻结中国资产，甚至将中国资产变卖、没收的可能性很小，不需要太担心。

反倒是有些国家，尤其非洲一些国家提出债务减免，中国需要考虑。因为发展中国家，特别是非洲国家的财政能力有限，如果疫情在非洲蔓延，全世界都有责任对其予以帮助。"巴黎俱乐部"已经对此做出回应，中国也可以考虑减免一定的债务。

历史经验表明，包括英美等发达国家在内，对发展中国家以债务形式提供的援助，大部分最后都会被减免。这也是为什么现在发达国家对发展中国家的援助直接以拨款为主，其关注的重点不再是受援助方的还款，而是如何把这笔拨款用好、监督好。这也是值得中国吸取的教训，中国对外援助也要慢慢从债务过渡到拨款，同时加强对款项使用的监督。

其次，病毒溯源需要高度重视。

追责毫无道理，这已经基本成为国际共识。如前所述，如果美国可以追责，我们也可以追责美国。除了2008年的金融危机，美国为什么也没有控制住甲型H1N1流感疫情？疫情属于外部冲击，没有一个国家能够预先知道。中国从2019年12月发现新冠肺炎疫情，到2020年1月20日钟南山院士确认新冠病毒可以人传人，再到2020年1月23日武汉开始封城，发达国家不可能不知道。我们同样可以反问，为什么这些国家一直不采取措施？

想控制住疫情大暴发，做出封城这样的决策确实非常难，有所犹豫也可以理解。但封城完全不意味着中国封锁了消息，从而导致发达国家贻误防控时机。欧美有人联合撰写了一篇论文，测算中国疫情数据有没有做假，文章通过对比中国和意大利疫情数据，发现中国没有隐瞒。

美国所谓的"追责"没有任何道理，但人类对病毒的溯源有明确的科学意义，只是病毒溯源需要时间。以非典为例，从疫情暴发到真正找到非典病毒的源头，花了好几年时间。

科学问题本应由科学家来解决，对于欧盟、联合国等提议的病毒溯源，中国需要积极地回应。有两种回应方法都值得考虑。

第一种方法是此前有文章提议的开展联合调查，这可能是中国化被动为主动的好方法。联合调查意味着调查不是集中在中国，而是所有发生疫情的国家都做调查，最后由联合调查组给出病毒溯源结果。

第二种方法是中国发布一份白皮书说明自身情况。尤其是说明2020年1月23日之前，我们围绕疫情研判、是否采取封城措施做了哪些分析和安排；封城之后我们又在多大程度上减少了疫情传播，是如何做到控制疫情传播的；此后，又如何展开复工；等等。

中国必须敢于直面很多来自外部的挑战，并用坦诚和智慧加以解决。

再次，全球产业的去中国化不太可能发生，但必须积极应对。

全球产业链去中国化不太可能发生，理由有三个。

第一，全球价值链的转移和形成有其自身规律。全球价值链之所以形成今天的模式，是因为分工以及专业化。每个企业专注于做一个产品的小零件，精益求精、越做越好。这就是所谓的"产品内分工"。今天几乎没有一个主流产品完全由某一个国家制造，比如iPhone（苹果手机）只是在中国组装，其内部零配件来自十多个国家和地区的企业，甚至包括一些美国企业，这是过去二三十年形成的格局。中国身在其中，对产业升级的带动作用非常明显。在全球产业链上，我们最初仅限于装配类的业务，如今已经能在关键零部件领域占有一席之地。当然，中国也有部分产业转移到其他国家，比如一些东南亚国家也开始生产服装。中美贸易战后，中国对美国出口下降的部分，也被墨西哥、东南亚等国家和地区替代。有人将这些都理解为去中国化的过程。其实不用如此担心，近几年的出口数据显示，中国对东盟、东盟对美国的出口都大规模增加。其中，中国出口东盟的主要是中间品，比如棉纱，而且出口的棉纱越来越多，服装生产越来越少。中国也已经主要不是依靠自己生产的棉花来制造棉纱，而是进口棉花纺成纱、染上色甚至织成布，再出口到产业链下游的国家，由他们裁剪制衣。这是很好的产业升级，毕竟中国也不可能永远做产业链最低端的工作，这也是全球价值链分工的根本性原理。

第二，中国市场足够大。很多企业之所以在中国设厂，就是因为中国的市场足够大。比如各大车企不太可能把企业转回本国，中国的汽车市场比日本和美国加起来还要大，没有人愿意放弃中国市场。特朗普自上台之初就要求美国企业回流，但落实不下去，美国只有少数能源企业回流，根本原因还是美国国内的能源成本下降。日本政府也出钱让日本零配件企业回流，但响应的日本企业也很少。日本的零配件厂更愿意跟着大厂走，比如丰田到中国设厂，大批零配件厂也会跟着来到中国。因此，日本企业脱离中国也是系统化工程，不会轻举妄动。不仅如此，基于中国巨大的市场，别国对中国的中间产品完全禁运或封锁也不太可能，比如芯片。特朗普禁止高通将芯片卖给华为，但几次禁令都是延期实施。中国市场约占高通全球市场的1/3，芯片行业又是"高举高打"的行业，一旦失去市场就没有资金，其大规模的研发投入就无以为继，在市场竞争中也会很快失去竞争力。比如台积电5纳米制程技术投资额是300亿美元，如此大规模的投资也与台积电在大陆市场占据高份额和高收入有关。

第三，中国的生产网络足够强。中国制造业占全世界制造业的27%，远超美国和日本。中国拥有世界上最完备的工业体系，一家企业搬离中国，会发现自己脱离了生产网络，生产成本明显增加。

以上三大原因都决定了去中国化不会发生。调查数据也同样不支持这一说法。包括美国商会、日本商会数据在内的调查数据都显示，考虑过搬出中国的企业占10%~20%，但真正实施搬离的比例仅为1%~2%。当然，这也不是说中国就可以高枕无忧。政府还要继续高度重视制造业，短期的产业链中断，比如国外企业供应不上的零配件，国内厂商如果刚好能替补进去，对中国的整体竞争力提升有利。中国在疫情控制、生产恢复都有先发优势的情况下，也许还能抓住一些难以出现的机遇，但必须在疫情控制和产业布局上应对得当。

新型冷战是中国面临的长期挑战

新冠肺炎疫情的挑战应该是短期的，只是对一些长期的趋势可能有助推作用。中国真正要面对和思考的长期挑战是中美之间所谓的"新冷战"。

我个人认为，"新冷战"已经在发生，而且始于特朗普上台。关于"新冷战"的定义，我个人将其概括为意识形态、地缘政治、技术三个方面的中美竞争甚至是对立。具体而言，中美在技术和地缘政治方面的竞争甚至是对立早已发生，中西方意识形态的对立则是在这一次新冠肺炎疫情中加速发展。

回顾西方在新冠肺炎疫情过程中的心态变化，可以看到这一过程在加速。

中国暴发新冠肺炎疫情并导致武汉封城时，多数西方人都认为这只是说明中国还落后，是一个落后大国的不幸故事，这样的故事在西方发达国家不可能发生，至少不可能严重。在中国疫情变得最为严重的2020年1月和2月，西方人的生活不受影响，种族和文化的优越感依然十分明显。美国纽约州州长甚至直言，发生疫情是人种问题，白人不用在意。

但从2020年3月开始，新冠肺炎疫情在多个国家暴发，西方发达国家不仅没有成为例外，还因为重视太晚，防御措施不到位成为新的重灾区。造成这种局面的原因是，西方除了种族优越感，可能还有莫名的制度优越感。直到新冠肺炎疫情大暴发，美国纽约封城，各国才不得不陆续封城。

自己的作业没有事前做好功课，中国有现成的作业可以抄，但西方发达国家不相信是最佳答案，所以也不屑去抄。结果事情严重以后，以特朗普政府为首的部分人开始想要向中国"甩锅"。这个过程其实也受美国国内党派之争的影响，特朗普自知防疫不力，便基于国内政治和个人选情需要，将矛头引向中国制度并称中国隐瞒疫情。

西方当然也有理性的声音，尤其是大部分医疗工作者，还有社会科学、人文科学界的学者。《历史的终结与最后的人》这本书的作者弗朗西斯·福山（Francis Fukuyama）就认为中国防疫是成功的，并从治理和民众角度分析中国成功的原因在于政府的高效和民众的信任。然而，这些声音并没有成为主流。

特朗普执政期间非常明显地左右了美国舆论。以美国民众对中国的好感度为例，最近一次民调显示，60%~70%的美国人对中国无好感，而在特朗普上台之前，这个比例为20%~30%。这也让我们重新认识民主制度。民主制度有非常好的一面，但也非常脆弱，像特朗普这样的机会主义、没有底线的领导者会毁掉民主制度的优越性，因为他通过制造舆论诱导人们做出非理性选择。我们对此应该高度重视，应该承认中美在意识形态上的对立已经形成。

中美地缘政治的对立早在奥巴马时代就已经开始，即所谓的"转向亚洲"。中国的"一带一路"是非常好的发展倡议，也让中国一改过去被动、反应式的外交。过去，一般都是美国提一个议题，中国思考怎么应对。这次"一带一路"倡议是中国主动提出来的，轮到美国来被动应对。

当然，这个倡议也让美国觉察到中国即将成为其地缘政治的强大对手。直到今天，国内仍然有人认为中国外交应该延续邓小平同志提出来的"韬光养晦"大政方针[①]，但我认为那个时代已经过去。周其仁老师早在2011年就曾在一份报告中说："大象难以隐身树后。"中国的经济规模、影响力等既成事实已经让中国做不到"韬光养晦"，这不符合客观的国际形势，我们必须以更加积极的心态和姿态应对国际挑战。

这次新冠肺炎疫情暴发后，最初是全世界尤其是海外华人帮助中国，中国控制住疫情以后又反过来帮助包括欧洲发达国家在内的其他国家，这是中国作为发展中国家第一次向发达国家提供人道主义援助。结果，丹麦首相拒绝马云的援助，她所代表的西方一部分人根深蒂固的种族主义，以及文化和制度的优越感，因为疫情而暴露无遗。

尽管如此，中国在欧美的影响力依然有所增加。欧洲的智库联盟出版了一本新书，其中一章由一位意大利人所写，专门讨论中国对意大利的援助所带来的影响。中国的这一影响在未来能不能持续仍然是一个问号，但美国肯定会更加积极地采取措施围堵中国，削弱中国的地缘政治影响。

美国对中国的技术封锁从两三年前已经开始，欧洲也在加强这一点，这些都是大家知道的。

---

① 《邓小平外交思想永放光华》，参见：http://dangshi.people.com.cn/n/2014/0816/c85037-25477697.html。

关于中国如何应对"新冷战",有几点值得思考。

第一是与美国保持竞合关系。竞合关系首先要承认竞争,美国已经把中国定义为竞争对手,中国也应该大胆承认中美有竞争。其次是还要看到中美之间也有合作,中美是世界上最大的两个经济体,有很多领域需要合作。以中美第二阶段的谈判为例:美国想改革WTO(世界贸易组织,简称"世贸组织"),很多诉求会在中美第二阶段谈判中提出,如果中国跟美国开诚布公地提出自身诉求,最后达成双方妥协的方案,我个人估计该方案极有可能成为下一步WTO改革的模板。面对这种竞合关系,谈判本身就是竞争,谈判成功就是合作。

第二是防止经济民族主义。在欧美,"经济民族主义"不过是政客的口号。欧美有严格的制度将政府和企业切割开,特朗普自上台开始就呼吁经济民族主义,但并没有多少美国企业真正回流。中国人总说自己"大而不强",制造业也是如此,这其实也从侧面说明中国人的进取心很强,总想生产高精尖的产品。其实中国的制造业产值已经占全世界总产值的近30%,如果全世界高精尖的产品也全由中国生产,那么制造业留给其他国家的份额就会非常有限,极有可能导致多国联合起来和中国竞争。所以,中国制造要搞创新,但没有必要动不动就上升到国家战略的层面,试图以国家实力和意志去把所有"卡脖子"技术都打通。大国要有大国风范,自己活得更好,但也要让别人有活路。

第三是意识形态之争,中国应该把意识形态之争变成国家治理之争。比如,美国疫情防控不力是特朗普政府治理没做好,中国在疫情防控方面做得好是因为我们的治理方式确实非常有力。我们应该从这个角度去争辩，而不是总往制度方面引。

在哲学和对实践的描述方面，中国也应该转换话语的表达方式。对于前者，最好的话语就是儒家思想。中国在过去40年里取得了巨大经济成就，一个很重要的原因就是回归中国智慧，中国智慧的集大成者就是儒家思想。儒家思想在治国理政方面总结起来就是两个词：秩序、和谐。国家与世界都要有基本的秩序，要维持秩序就要有一定的治理结构，既不能是一个丛林，也不能是无政府或直接民主，因为它们不可能维持必要的、不仅适用于本国也适用于整个世界的秩序。和谐就是孔子所说的"己所不欲，勿施于人"，相互尊重，和睦共处。在此基础上，我们才能真正建设一个和谐的世界。

儒家这两条智慧对于西方自由主义是一个极大的补充。西方的自由主义对内很讲究自由、互相尊重，但对外极具侵略性，认为自由主义适合所有国家，并据此推广自己的制度、文化、思想，对其他国家的文化根本不愿意了解。我们提出自己的思想，将有助于建立有秩序的、和谐的世界体系。

在实践层面，中国应该强调基层组织的力量和作用、官员的能力，以及中央强大的协调能力等等。要从国家治理的角度把各项实践分解来谈，把道理和做法用世界听得懂的语言和逻辑去阐释，而不是简单地强调制度的优越性，进入"民主-威权"的对立话语体系。

中国走向世界经济强国的四个严峻挑战 [①]

2049 年是重要的战略节点

2049 年对中国来说，是一个非常重要的时间和战略节点。按照我们党提出的"两个百年目标"，我国将在中国共产党成立一百年时全面建成小康社会，在中华人民共和国成立一百年的 2049 年时建成社会主义现代化强国。

在这个过程中，我们会遇到什么样的挑战？这个问题在 2020 年这个关键点讨论会比以往更加实在。从国际环境看，我国未来 30 年所面临的增长环境将和过去 40 年完全不同。"大象难以隐身树后"，但我们并没有全面做好大国战略，尤其是还没有为未来担当世界的领军者做好准备，整个世界也没有为中国的新角色做好准备，这可能会带来全新的挑战。

同时，在我国内部也存在着诸多新挑战。在人口方面，我国面临着非常严重的人口老龄化趋势，这一趋势的影响恐怕会超出我们的想象。在可持续发展方面，习近平主席在 2020 年 9 月 22 日第七十五

[①] 本文为姚洋教授 2020 年 10 月 20 日在北大国发院举办的第 147 期"朗润·格政"暨"中国经济的远景和挑战"专题系列论坛的演讲。

届联合国大会一般性辩论上提出两个硬目标，[①]这意味着未来我国的整个增长模式会随之发生巨大的改变。第一个硬目标是力争在2030年之前，中国的二氧化碳排放要达到峰值。现在我国碳排放还在上升，煤炭在我国全部能源中的占比仍然在60%~70%。我们在未来10年之内能否让二氧化碳排放达到顶峰，然后开始下降，这是一大挑战。第二个硬目标是努力争取2060年前实现碳中和，这是非常大的目标，给可持续发展提出了很大的挑战。

不仅如此，我们国企改革和金融领域的改革都没有完成，下一步的经济增长需要更好的企业结构和金融结构。这些都是我们面临的挑战。

开放的研究与战略的远见更加重要

北大国发院作为中国高校智库的领军者和国家高端智库的杰出代表，更有责任以全球开放的眼光研究中国重大且长远的战略问题。《中国2049：走向世界经济强国》就是北大国发院和美国布鲁金斯学会在两年多前开始合作编写的。

布鲁金斯学会是美国排名第一的智库，也是世界顶尖的智库之一。北大国发院之所以找布鲁金斯学会合作有两方面的考虑：一是希望我们的研究报告不仅在国内出版，而且要在国际上出版，而布鲁金

[①] 《习近平在第七十五届联合国大会一般性辩论上的讲话》，参见：https://www.ccps.gov.cn/xxsxk/zyls/202009/t20200922_143558.shtml。

斯学会有自己的出版社。这份报告的英文版2019年已由布鲁金斯学会出版，中文版2020年出版。

另一方面，我们认为未来30年的挑战很大程度上来自国际环境的变化，希望了解从美国的角度如何看待中国所面临的挑战。同时，我们和布鲁金斯学会的这种学术交流也证明，在中美关系恶化的前提下，中美两国的合作其实并没有停止。中美两所非常知名的智库现在仍然能够走在一起，共同为中国的远景做一些研究，这本身就是有意义的。

如何看待我国近70年的发展

在这项有战略前瞻意义的研究项目中，我们回顾了中华人民共和国70年的增长，并在此基础上展望未来30年面临的挑战。

过去70年基本上可以分为前30年和后40年。那么如何看待这两个阶段的发展？是完全割裂开看，还是连起来看？我认为这对于我们理解中国的历史、总结一个发展中国家的赶超经历，以及如何走好下一步的路都是有意义的。我们在这本书里提出来，应该把前30年和后40年连起来作为一个整体去考虑，而不是割裂开看。

前30年为经济腾飞奠定了基础，虽然我们在这一时期犯了一些错误，但已有过很好的总结。1981年《关于建国以来党的若干历史问题的决议》里面写得很清楚，在政治上已经有了结论。

在经济方面，前30年至少有两方面的成就对后40年的经济起飞起到至关重要的作用。一方面是奠定了坚实的工业基础。举一个简单的例子，现在全世界造船业大概80%的吨位是在中国造的，我国的万吨巨轮是在20世纪60年代下水的。如果没有那时候奠定的重工业基础，我们不可能拥有今天在世界造船业的地位。前30年，我们通过艰苦卓绝的努力奠定了一定的经济基础。

另一方面，前30年我们在人类发展指数方面也做得比较好。和印度比较，能更加清楚地看到中国在人类发展方面的成就。比如：1978年我国人均寿命已经达到66岁，印度比我们差10岁左右；我国识字率在1978年已接近70%，印度比我们少20个百分点。所有这些对于我国后40年的经济腾飞都有着积极的影响。

改革开放40年，是对新古典增长理论的灵活应用。

这40年的成功在于什么？当剥离开所有的东西，会发现万变不离其宗，我们的成功没有离开新古典经济学阐述的理论。比如储蓄，一个国家没有储蓄、没有投资，是不可能发展的。又比如人力资源水平的提高，包括劳动力数量和质量的增加。再比如技术水平的提高。很多人说我国经济是在没有技术进步的前提下发展起来的，主要靠的是资本积累和劳动力供给的增加。这种说法不对，因为数据显示，过去40年里的技术进步（此处指在刨除劳动和资本的增长后剩下的全要素生产率的效率改进）对中国经济的贡献是40%左右，这已经达到了发达国家的水平。

从这方面来讲，可以把过去40年中国的超高速增长归因于比较明智地把新古典经济学所倡导的经济政策建议灵活应用到了中国的现实当中。这一结论在经济层面是没有问题的，只是《中国2049：走向世界经济强国》这本书没有展开讨论这背后的政治经济学原因。

对于未来30年，我们应如何判断？放在什么框架中理解？我自己的理解是，未来30年将是中国一千年以来的高光时代。

过去的两千年，中国在前一千年是上升的，后一千年基本上是停滞甚至衰退。如果站在历史大维度上衡量，中华民族的伟大复兴从1949年就已经开始，不是从1978年开始的。也就是说，到2049年，我们将用100年的时间完成中华民族的伟大复兴。而未来这30年是中华民族伟大复兴的最后冲刺阶段，将是中华民族过去这一千年以来最高光的30年。

未来30年中国面临的四个严峻挑战

当然，未来30年我们面临的挑战也是严峻的，至少有四大挑战。

第一，社保能否支撑数亿人同步老龄化。

人口方面，中国到不了2030年就会开始下降，老龄化的挑战巨大。1962—1976年是我国的"婴儿潮"时期，这期间出生的人口有三四亿，这批人的老去将会给我国带来前所未有的挑战。《中国2049：走向世界经济强国》认为，这个挑战主要不在于劳动力的供给方，因为劳动力供给大概率会被AI（人工智能）和自动化所替代；挑战也不在于需求方，因为我国的城市化水平还比较低，而城市化水平的提高可以在一定程度上弥补老龄化造成的消费下降，"未富先老"

在某种意义上反倒存在一定的利好。事实上，老龄化对中国未来30年最大的挑战在于社保，会非常考验我国社保是否有能力承担数亿人的集体老去。

第二，产业结构调整能否支持减排和可持续发展的硬目标。

减排方面，前面提到习近平主席在第七十五届联合国大会一般性辩论上明确提出的目标。以前我们搞环保和减排的要求是有一定弹性的，这次目标宣布之后就不会有任何弹性了，成为我们必须完成的任务，否则我们会对全世界失信。

我个人的判断是，未来5~10年，中国经济的发展方向会发生显著的变化，节能减排和可持续发展会被提到非常高的高度，很多产业恐怕会因此消失，整个产业结构会发生重大的变化，我们的企业要做好这方面的准备。

第三，国企和金融改革任重道远。

国企和金融改革方面，虽然我们改革已经40年，但在所有制方面还没有形成比较稳定的产权结构。新一轮的国企改革在推进，已经提出国企改革的三年行动方案。我们是否能够通过三年的改革形成一个所有制比较稳定的结构，也是一个挑战。

在金融领域，我们的差距更大。可以说，改革最不彻底、对经济又极其重要的领域就是金融领域。我们的金融，无论是对外开放还是对内开放都比较缓慢。2010年之后，金融领域，特别是在影子银行领域进行了一些改革，但是效果并不如意，所以过去两年又有一轮"去杠杆"。那"去杠杆"之后，我们能否找到一个新的监管均衡？如何才能使我们的金融既保持活力，同时又不会产生类似2010—2017年那样的风险？在我看来，这都是巨大的挑战。

第四，在国际环境中有所作为，转变角色。

国际环境的变化包括两方面：一是美国对我们态度的改变，二是我国自己体量的变化。以前我们的战略是韬光养晦，但现在我国的体量已经太大，"大象难以隐身树后"，我们已经没有了韬光养晦的空间。环境已经完全变化，国际社会也早已经不允许中国继续韬光养晦。所以，我们的重点一定要转向有所作为，这也是中央已经做出的转变。

下一步的关键是如何才能更好地有所作为，特别是在迅速变化的国际环境中有所作为。

在未来的国际舞台上，我们要从规则的追随者变成规则的制定者，这个挑战是巨大的，涉及很多方面的改变，甚至是哲学层面的改变。我个人认为，我们国家还没有完全准备好。这也意味着未来30年最大的挑战恐怕来自国际环境的不确定性。在一个高度不确定的国际环境中，中国以什么样的姿态参与国际环境的重构？中美之间这几年的贸易战和诸多摩擦、变化，再加上美国在大量地"退群"，从客观上给中国带来了一个参与制定和维护新的国际秩序的机会，但这同时也非常考验我们与全世界不同国家开放融合的定力和智慧。

中国经济最让人担心的不是创新[①]

中国经济的三个重要变化

最近几年,"新常态"的提法比较多。新常态究竟意味着什么?从我们研究发展经济学的角度看,新常态本质上源于一种结构性调整。其中,有三个重要变化非常值得我们关注和思考。第一是中国出口导向增长模式、无限扩张的时代已经结束;第二是中国工业化高峰已过,进入"去工业化"或"后工业化"的新阶段;第三是中国人口红利进入消退期。

对于出口导向模式,其明显的好处是需求不用取决于一个国家内部的收入增长,可以更多地借力世界上其他国家收入的增长,极大地扩展了中国经济过去几十年的增长空间。但这样的时代可能一去不复返了,数据上已经明显出现变化。2008 年全球金融危机之前,中国出口占 GDP(国内生产总值)比例达到最高峰,接近 35%,然后逐步下降,如今约为 18%(图 1-1)。日本的这一比例还有 17%,美国只有 10%。中国作为世界第二大经济体,这一比例应该还会下降。这意味着今后我们必须更多地依靠国内需求来创造经济增长的动力。

[①] 本文为姚洋教授 2019 年 3 月 2 日在"第三届中国企业领袖读享盛典"的演讲。

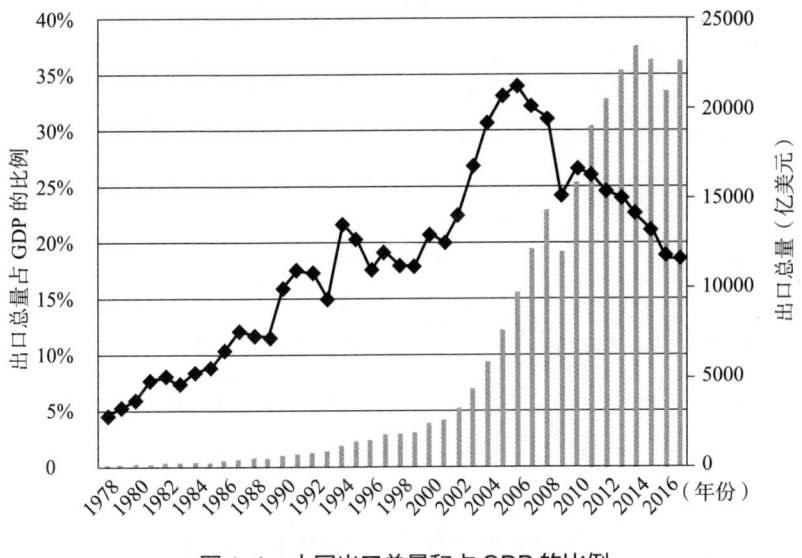

图 1-1 中国出口总量和占 GDP 的比例

对于"去工业化",仅从字面理解容易产生误解。这里,我用"去工业化"想表达的核心意思是中国工业化的最高峰已经过去,服务业已经成为连续多年的经济增长主力。在三大产业中,中国从 20 世纪 60 年代以来,农业就业占比就一直下降,服务业就业占比一直上升,工业就业占比在 2010 年之前还基本保持上升,之后开始下降(图 1-2)。值得一提的是,21 世纪头 10 年中国工业就业占比上升了 10 个百分点,相当于之前 40 年上升幅度的总和。换句话说,加入世贸组织这头 10 年,中国工业化走完了过去 40 年的路。今后,更多的劳动人口都只能依靠服务业。

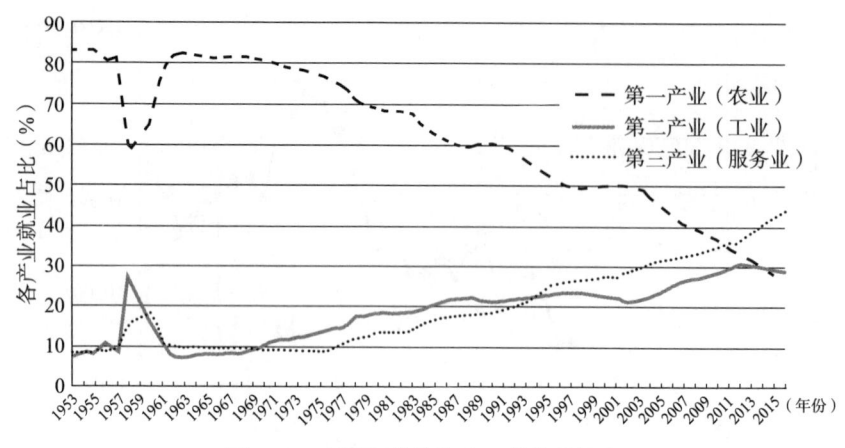

图 1-2　中国工业化和去工业化的情况

"去工业化"的深远影响是：一方面中国经济增长速度会放缓，因为外需下降，国内需求主要靠国民收入支撑，而国民收入的增长一般不会太快，就像发达国家以内生性增长为主，速度始终起不来；另一方面，和工业相比，服务业技术进步率比较低，对经济增长的拉动也没有那么大。当然，服务业的好处是使普通老百姓的收入在整个国民收入中的占比能回升，收入分配格局会改善。国民可支配收入一般分成三部分，即居民可支配收入、企业可支配收入和政府可支配收入。在 2008 年金融危机之前，中国的居民收入占比一直在下降，20 年间下降了 10 多个百分点。其中，政府部门收入占比变化不大，变化主要是老百姓的收入占比不断下降，而企业的这一比例不断升高。这是一种负向转移，使财富集中度越来越高。经过最近这些年的调整，普通老百姓收入占 GDP 的比重在回升，基尼系数在改善。老百姓收入增长自然会伴随消费升级，消费降级的说法在数据上确实不成立。

对于人口红利，中国在 10 年之前也仍在增长，而如今已经没有优势。过去几年的劳动力总数也开始下降，虽然每年下降的量还比较小，但趋势很明显。这是中国未来经济增长需要面对的挑战，我们对于老龄化的准备非常不足。

讨论中国经济增长问题时，总有人喜欢提出"中国特殊论"。事实上，从上述三个重大变化来看，中国并不特殊，与日本和韩国的经历极其相似。以消费占比来看，日本经济增长的转折点出现在 1971 年，之前也是出口导向为主。1971 年布雷顿森林体系瓦解加之 1973 年的石油危机，迫使日本像现在的中国一样从出口导向转变为内需驱动。

中国面临的两大挑战

对于中国经济增长未来的挑战，很多人担心创新能力不足。我对此不太担心，更担心的是老龄化和未来国际格局的不确定性。

当然，担心创新力也是有道理的。中国要实现第二个百年目标，到 2049 年成为社会主义现代化强国，创新当然非常重要。但我们也一定要清楚，光有创新并不足以支撑经济的中高速增长。日本在 1973 年以前的 20 年间，经济平均增长速度达到 9.2%，尤其是 20 世纪 60 年代的增长无与伦比，像中国经济增长一样被誉为"增长的奇迹"。但 1973 年之后，日本经济增速慢下来，而且跌下不止一个台阶，此后 20 年间平均增速只有 2.8%，1993 年之后几乎没有增长，进入

"失去的20年"（图1-3）。

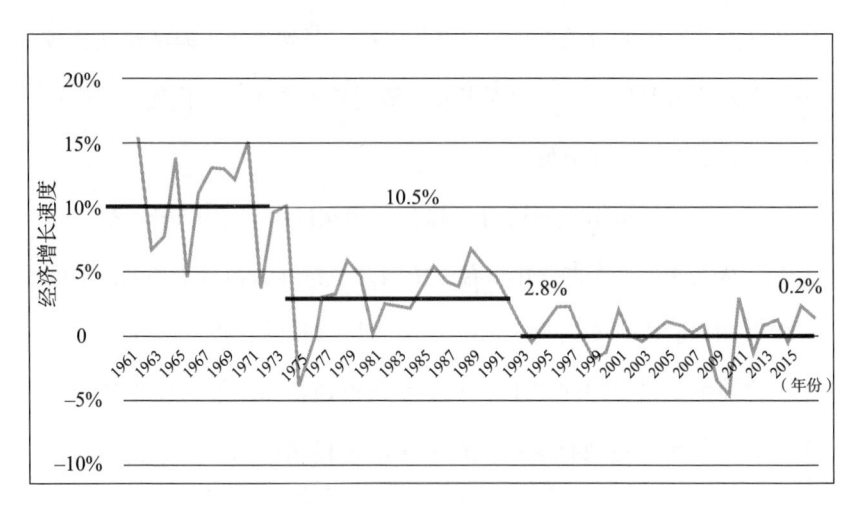

图1-3 日本经济增长阶段

虽然经济增长减速，但20世纪七八十年代仍然是各界眼中的日本高光时代，日本一度喊出"日本第一"的口号。在创新上，20世纪80年代全世界很多创新都来自日本，但即便是这样的创新表现，也只能支撑3%左右的增速。因为创新的难度非常高，需要的投入很大且风险很高，很难支撑整个国家的中高速增长。再加上日本创新底蕴不够深厚，20世纪90年代之后就被创新的瓶颈所困。美国的创新后来居上，而且底蕴更深厚，但所能支撑的年均经济增速也只有2%左右，另外1%左右来自人口增长。中国也已经在向这个阶段靠拢，不少中国企业其实已经达到世界前沿水平，比如华为、阿里、腾讯等都进入了无人区，可模仿的竞争对手没有了，增长就要靠创新，但创新所能带来的增速往往有限。

相比创新，我更担心的是另外两个挑战，即人口老龄化和国际格局的不确定性。

老龄化实际上是个"灰犀牛"，即大概率的风险事件。人们经常对于极有可能发生的事件心存侥幸，视而不见。老龄化的趋势已经不可阻挡，即便现在全面放开生育，人口结构仍然会继续老化。15年之后，中国的老年（65岁以上）人口所占比例将超过总人口的20%，达到日本20世纪90年代中期的水平（图1-4）。而日本当时的人均收入水平已达到美国的80%~90%，中国15年之后的人均收入预计只有美国的40%左右，确实是未富先老。

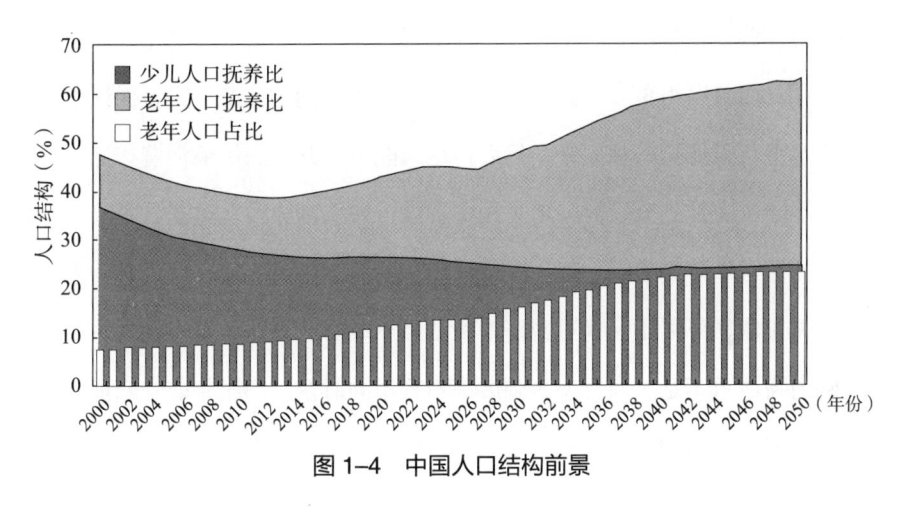

图1-4　中国人口结构前景

人口老龄化会带来两个主要问题。

首先，创新速度会下来。老人多保守，不喜欢创新，也难有新意。日本20世纪90年代之后的创新跌落和人口老龄化有密切关系。其次，消费会下降，这个影响更大。日本股市在20世纪90年代以前几乎没有下跌过，连续30年上涨，不像中国股市有好几轮暴涨暴跌，偶尔还会崩盘。日本股市30年都没有崩过，但这一时期之后直线下跌。日本房价在20世纪70—90年代持续猛涨，之后也一路下跌，如今很多地区房屋空置成灾。所以，中国房价也不大可能创造永远上涨的传奇，没有持续的人口流入就不可能有可持续的高房价。

很多人主要担心中国创新能力不足，其实需求不足更可怕。日本所谓的"安倍经济学"三支箭射出去，对经济并没有起到多少帮助，根本原因就是老年人没有消费意愿，想刺激内需也刺激不起来。日本执行的是实质上的负利率，按常理来说储户就不应该再去银行存钱，因为存钱不仅得不到利息，还得付给银行管理费。但日本老年人照样去存，而且存得更多。因为在没有未来收入预期的情况下，要保证生活水平就只能把钱存起来，然后再尽可能节省开支、压缩消费。老年人不会拿着钱到全世界各地去投资冒险，博取高收益。这是日本给我们的非常重要的启示，更何况中国经济的体量更大。前文就说过，未来再想依靠外需不断促进经济增长已经不现实，只能主要靠内需。等到内需严重不足，而且怎么刺激都不管用的时候，问题将非常麻烦。

中国面临的第二个挑战是世界格局的不确定性大增。

中国经济过去40年的高速增长主要得益于一个稳定且比较友好的国际环境。美国作为二战之后国际秩序的"创造者"和"维护者"，就是事实上的"老大"。这位"老大"还会时不时装睡一下，让日本、德国，以及后来的中国陆续崛起。日本、德国和美国始终不是一个重量级，但中国不同。中国抓住机遇期之后，经济体量一下子远远超过了日本和德国，直逼美国，这是一个前所未有的重大变化。美国对中国态度的转变只是一个开端。美国其实有两个"政府"：一个是大家都能看到的民选政府；一个是大家看不到的隐形政府——美国安全部门。美国安全部门的威力超出很多人的想象，中兴和华为事件的背后都是美国安全部门在发力。

美国已经不会再"帮助"中国崛起，甚至转向主动抑制。欧洲也在转向，因为中国经济崛起对欧洲的挤压不亚于美国。只是欧洲还在摇摆，一会儿倾向于美国，一会儿倾向于中国，但总体上还是缓慢漂向美国的可能性更大一些。

中国要学会做世界的领先者

中国确实有不少难题，但也有自己的优势。最大的优势就是我们是一个巨型国家，国土面积相当于整个欧洲的面积，人口是欧洲的 2.5 倍。中国很多沿海地区的城市已呈现第一世界的面貌，深圳在短短 40 年里从无到有，2018 年 GDP 总量超过香港，人均 GDP 大概为香港的 1/2。但同时，中国的中部和西部地区还处在欠发达国家的水平。地区发展不均衡固然是不能回避的问题，但内部趋同也是一种潜在优势和发展空间。我们进行过简单的推算：中国东部地区人均 GDP 目前是中西部地区的 1.8 倍，如果中西部地区要在 20 年之内赶上东部地区，增长速度就要超过东部地区 3 个百分点。如今也基本如此，整个东部地区在减速，中西部地区特别是中心城市增长速度还是很快的。东部地区经济总量目前占全国经济规模的60%，即便东部地区经济增长率下降到6%，全国的经济增长率仍然有望达到7.2%；等到东部经济增长率下降到2%，全国经济增长率也还有3.2%，大概是美国当前的水平。到那时，经济增长就完全靠技术进步推动，投资已经不起什么作用。所以我认为一味鼓励企业"走出去"的政策和战略值得反思。我们第一步要做的应该是"走进去"，即对内开放，向中西部地区转移。政府也应该给出一些优惠政策，让东部地区的企业迁移到中西部地区，而不是一味追求到国外发展。

中国经济增长率慢慢走低是大势所趋。2049年的经济增速很可能下降到2%（相当于美国目前的增速），以此推算未来30年的平均增长率应该是4.1%左右。这一增速目前看起来不高，但也已经不低。因为如果中国再保持30年平均3.7%的增速，到2049年的人均GDP就会超过美国人均水平的45%，进入高收入国家俱乐部（图1–5）。这看起来也不高，但要知道，全世界人均GDP能达到这一水平的国家只有36~40个（依照不同的统计标准有所差异），而且绝大多数都是经济合作与发展组织（OECD）国家和产油国。大家要记得中国人口总量惊人，如果折算成GDP总量，中国届时将是美国的两倍，而且比后面排名2~6位的国家的总和还要多。按照这个速度，到2049年，中国经济占世界经济的总规模将有望恢复到19世纪前叶的水平（30%以上），同时人均GDP达到世界平均标准的两倍，我们中华民族的伟大复兴也就实现了。

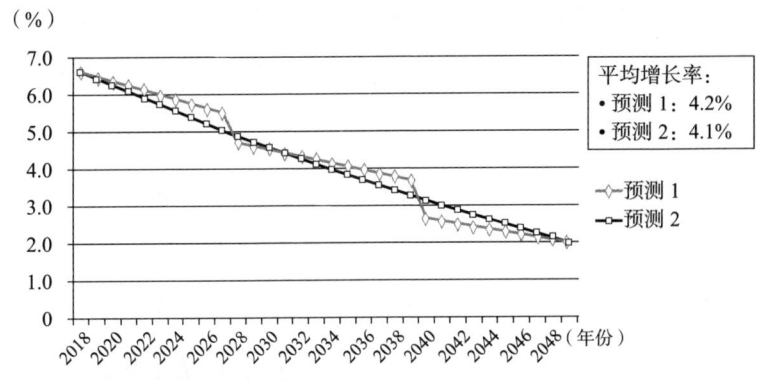

- TFP（全要素生产率）增长率假设：
— 预测 1：2018—2027 年，3.37%；2028—2039 年，3%；2040—2049 年，2%
— 预测 2：2018—2049 年，从 3.37% 匀速下降到 2%

图 1-5　中国经济潜在增长率

不仅如此，未来中国和整个世界更可能担心的是世界经济增长的列车长时间地停靠在中国，不再前行。众所周知的"雁阵模式"，即东亚地区以日本为领头雁率先起飞，然后是"亚洲四小龙"，再往后是中国东部地区，接下来是中国中西部地区。理论上，雁阵下一波应该转向东南亚，然后转向非洲。但这一趋势极有可能在中国就不再转移，因为中国的工业部门和生产设备都特别齐全，再加上自动化生产线，尤其是人工智能的兴起，都将极大弥补劳动力数量下降带来的短板，从而使经济生产总体不受太大影响。如今，青岛和上海的码头都是无人操作，很多工厂已经完全可以实现自动化，只是目前的劳动力数量还能接受，但自动化是一触即发的事情。

如果工业列车长时间停靠在中国，就回到了我前面讲的第二个挑战，即未来国际格局的不确定性。中华文明是世界上唯一在过去三五千年都没有中断的文明，中国人又抱负远大。整个世界都还没有适应中国不断上升的地位，中国自己也还没有学会如何做世界的领先者。

看看美国是怎么做的呢？它在二战之后GDP占世界的45%，对各国的优势都达到碾压级别。但它并没有一味强势，时不时会让一些弱小国家"占便宜"。美国愿意敞开国门为其提供发展机会，受益的包括日本、德国、"亚洲四小龙"，还有中国。问题是等到中国更强大了，再加上整个世界的工业都不需要再来回转移，别的国家去哪里寻找同样的发展机会？尤其是发展中国家，如果都没有机会经历工业化，怎么才能过上富裕的生活？难道整个世界就一直让中国担任工业品输出国，不停地向中国买买买？中国要想为未来创造持续和平有利的国际环境，顺利实现第二个百年目标，这样的问题今天就要开始好好思考和研究。

全球新挑战与新变局下的中国经济[①]

最近，我们都能感受到外部环境不断恶化。我个人判断中美的"新冷战"已经形成，美国开始对中国进行技术封锁，针对中国的实体清单也越来越长。美国将中国列为战略竞争对手，在各领域展开竞争，其中技术领域的竞争相对更深入、更广泛。

这对中国经济的影响非常大，基础科学研究领域及高科技领域都会受到比较大的影响。但另一方面，我们也能看到中美不太可能完全脱钩。

中国该如何抓住机会做好应对呢？

我想摆在中国面前的是很长的一段路。可能有人会说，美国有线电视新闻网（CNN）民调中拜登的支持率领先特朗普，如果拜登上台是不是对中国好一些？拜登对中国的态度和特朗普不会有太大的差别，只不过他围攻中国的方式会有所改变，但这不意味着外部环境会改善。

过去几年发生的变化应该是长期性变化，在应对方面有三条原则。

第一，在关键性领域加快自主创新。

[①] 本文为姚洋教授 2020 年 6 月 13 日在北大国发院 EMBA 论坛第 35 期暨总裁读书会特别课上的演讲。

第二，要更加努力地去维护一个开放和共融的世界创新体系，不能把中国隔绝在世界之外。

第三，要继续努力和美国保持比较密切的经贸关系，尤其是不能主动中断中美经贸关系。

这三点说起来容易，但要做到非常考验我们的智慧和意志。下面我从中美"新冷战"、全球化调整以及中国如何应对三方面分享我的观察和理解。

中美关系的五个阶段

首先有必要回顾中美关系经历的五个阶段。

第一阶段是20世纪70年代，从美国时任总统尼克松1972年2月访问中国，到1979年中美正式建交，属于接触阶段。中美在"冷战"高峰时走到一起是因为有共同的对手——苏联。1969年中国和苏联发生了珍宝岛事件，此后苏联非常恼火，想向中国发射原子弹。苏联在英国《泰晤士报》上用笔名发表文章，提出要向中国发射原子弹，教训一下中国人。美国很快明白这是苏联在放风。美国主动和苏联沟通，如果向中国发射原子弹，意味着第三次世界大战爆发。中国国内也很紧张，1969年夏天也进行了疏散。后来苏联部长会议主席柯西金在参加了越共领导人胡志明的葬礼之后，返苏途中在北京停留，周恩来总理到机场和他举行了会谈，很好地解决了冲突。中国也意识到美国的干预起到了很重要的作用，于是通过巴基斯坦的接触，最终实现了尼克松总统访华。

第二阶段是1979—1989年，这是中美密切交往时期，达成了多方位合作。合作的原因一方面是共同的对手苏联还在，另一方面是中国开启了改革开放的新征程。在经济领域，里根总统给予了中国比较优厚的待遇。里根在竞选时还曾表示，一旦当选，他首先要和中国台湾恢复"邦交关系"。但真正当选之后，他第一个重要外交访问是到中国大陆。在军事领域，中美也有非常深入的合作。中美在文化交流等方面也有很多合作，当时国内兴起了留学热。

第三阶段是1989—2010年，是双方的理性交往时期。1989年之后，老布什总统派出国家安全顾问到中国来，和邓小平表示不会断绝和中国的关系。这是西方国家的第一个表态，意义重大，这才有了20世纪90年代中国进一步改革开放的国际环境。在这段时间，中国加入了世界贸易组织。支撑美国对华理性深入拓展双方关系的信念是，如果把中国拉入美国所维护的体系，中国会越来越像美国。然而，中国有自己的制度和文化，中国拥抱全球化、拥抱世界多元价值观，但不会变成下一个美国。在这段时间里，中国对美国的冲击已经显现出来。2004—2005年已经出现明显的贸易不平衡，所以美国逼着中国要人民币升值。2005—2008年，人民币兑美元升值了30%，之后因为金融危机停止了升值。

第四阶段是2010年到特朗普上台前，美国实施"重返亚太"计划。这项计划因"9·11"事件而有所推迟。而且当时奥巴马特别想成为"世界的总统"，在2009年获得了诺贝尔和平奖，希望中国能支持他在哥本哈根气候会议上达成协议。由于各种原因，这一计划落空。2010年，美国在外交政策上发生了重大变化，"重返亚太"计划之后又推出"跨太平洋伙伴关系协定"（Trans-Pacific Partnership Agreement，简称TPP），"重返亚太"是从战略上遏制中国，TPP是从经济上遏制中国。该政策一直持续到特朗普上台。

第五阶段是特朗普上台至今，中美进入"新冷战"。特朗普上台之后，在2017年正式出台战略报告，把中国定义为战略竞争对手，次年开始打贸易战，接着对中国实行技术封锁。到了2020年又因为疫情开始打"口水战"。"口水战"是有实质性意义的，美国对华持负面态度的人口比例从特朗普上台时的40%多上升到目前60%多的水平。特朗普不断地拿中国说事，向中国甩锅，会直接影响美国民意，甚至会影响原本理性程度较高的知识界。美国知识界的对华态度已经发生很大改变。特朗普彻底改变了美国的对华政策。

中美"新冷战"和美苏"冷战"的不同

中美"新冷战"和美苏"冷战"有什么不同？观察者网曾经刊登过美国现实主义战略家约翰·米尔斯海默（John J. Mear-sheimer）的采访。他认为中美"新冷战"和美苏"冷战"没有太大的差别，别看中美之间有着广泛深入的经贸关系，这种关系在军事竞争、地缘政治竞争面前一文不值，至少远远不是决定性因素。回顾第一次世界大战的爆发，人们会明白经贸关系并不能影响两个国家的地缘政治。

我认为中美"新冷战"和美苏之间的"冷战"还是有所不同的。美苏"冷战"是用自己的意识形态对抗另一方的意识形态，是你死我活，而且竞争是全球化、全方位的，美苏之间几乎一直都没有任何的经济和人员联系。但是中美"新冷战"在意识形态方面是一边倒，是美国过于强烈地想推行自己的意识形态，而中国并不是。双方在这一点上显然不是你死我活的竞争关系。中美的竞争也不是全方位的，主要还是集中在地缘政治和技术领域，而且地缘政治也只是集中在西太平洋这一带。另外，中美之间的经济和人员联系非常深入。

中美和美苏的相同之处是前后两者之间都有不同的意识形态和价值体系，军事竞争和技术竞争也都是全面的。

在意识形态方面，有所谓的"华盛顿共识"和"北京共识"。"华盛顿共识"最初并不是现在的含义，早年是针对20世纪80年代拉美债务危机，西方国家、世界银行以及国际货币基金组织等债主形成了所谓的"华盛顿共识"。这一共识要求拉美国家进行经济结构调整，内容包括三大点、十小点。三大点中的第一点是要求这些国家执行稳健的货币政策和财政政策，不能搞赤字货币化、不能乱收税等；第二点是要求这些国家执行民营化；第三点是要求这些国家减少对经济的控制，推行经济自由化。从这个意义上来说，中国算是对"华盛顿共识"执行得较好的。

但"华盛顿共识"在2010年之后严重变味，变成了所谓的"民主政治＋自由资本主义"。与之对应，又冒出来所谓的"北京共识"，解释为"威权政府＋国家资本主义"。"北京共识"是西方人自己造的一个概念，就是为了和新的"华盛顿共识"进行对比。我们对此要高度警惕，这可能是西方某些人想诋毁中国经济成就的做法，意思是中国经济成就不值一提，是在威权体制下国家资本主义干预的结果，是以牺牲老百姓的福利为代价实现的增长，这种增长不应该被推广到其他国家。

我们必须清醒而自信地认识到，中国经济能发展到今天，绝不是因为所谓的国家资本主义，绝不是单纯由国家干预的结果，相反，主要是民营经济发展的结果。我国经济增长的大部分是民营经济创造的，我们从上到下对"56789"的概念——民营经济贡献了中国50%以上的税收、60%以上的GDP、70%以上的技术创新成果、80%以上的城镇劳动就业、90%以上的企业数量——都有共识。国有企业之所以目前也能做好，是因为大多是资源性的行业，有上游垄断地位，也能得到国家和银行相对便宜的资金支持。

我们要警惕的是，所谓"威权政府"和"民主政府"的两分法有很多问题。从所谓的"个人独裁"到"民粹主义"，中间是一个连续的光谱，并且还有丰富的横向因素。中国在很多方面有很强的民主成分，是一种混合体制，这种简单的两分法是不科学的，但在西方就形成了一种所谓"华盛顿共识"对"北京共识"的分野。

在新冠肺炎疫情期间，这样的分野又被进一步放大。中国抗疫取得阶段性成功，武汉封城之后，以比较短的痛苦赢得了相对长期的疫情缓解。西方的心情比较复杂，开始时觉得疫情与他们无关，是只属于"落后的中国"的事情，甚至有些人说这是黄种人才会有的事情，有一种所谓的后殖民主义者高高在上的傲慢，内心也有种族主义情绪。到了中期，他们不得不采取跟中国一样的措施封城，一开始是意大利，之后是美国纽约市。到了后期，他们已经变得比较懊恼，因为中国做得比较彻底，成为第一个基本走出疫情、开始恢复经济发展的国家，西方又开始指责中国隐瞒信息，纯粹是无稽之谈。

在2020年5月18日第73届世界卫生大会视频会议开幕式上，习近平主席发表了讲话，支持对疫情和抗疫进行总结[①]，6月7日也发布了《抗击新冠肺炎疫情的中国行动》白皮书。北大国发院在3月初也已经给出追溯疫情和发布白皮书的相关建议。需要注意的是，现在西方对中国模式更加警惕。

在地缘政治方面，美国"重返亚太"是在位霸权的宿命，是人类的动物本能，像动物一样，要守住自己的"领地"。中国也要反抗，美国自称是"山巅之国"，但中国是世界上唯一一个文明延续几千年的大国，也有影响世界的雄心。从海军和空军的飞速发展来看，两国军备差距在不断缩小，因此两国在南海和东海的对抗不可避免。

更重要的是，中国的"一带一路"倡议是1949年以来少有的、主动且宏大的国际性倡议。这也引起了西方的警惕：是不是中国要输出自己的模式，想要拓展和拥有自己的国际空间？当然，中国在发展中也有很多问题，比如规模过大、硬多软少等。所谓"硬多"指工程

[①] 国家主席习近平在第73届世界卫生大会视频会议开幕式上发表题为《团结合作战胜疫情 共同构建人类卫生健康共同体》的致辞，参见：http://www.mofcom.gov.cn/article/i/jyjl/l/202005/20200502966664.shtml?ivk_sa=1023197a。

太多、发放贷款多；"软少"是输出太少，比如思想、做法。这些问题都要调整。

疫情期间，中国对欧洲进行人道主义援助，是有史以来第一次由一个发展中国家或所谓的落后国家对西方文明的核心区域进行的人道主义援助。美国担心，欧洲也担心，这都会引起地缘政治。

中美不太可能在技术上脱钩

20世纪最伟大的经济学家之一保罗·萨缪尔森，在2004年发表了自己的最后一篇学术论文，其中讨论了中国技术对于美国的负面影响。当时中国的技术还不是那么先进，所以没有多少美国人注意到。2010年之后，美国开始采取行动，将技术和其"重返亚太"战略联系在一起。

我想说明的一点是，美国对中国政策的改变不是从特朗普开始的，实际奥巴马时代就已经开始指责中国"偷窃"美国技术，已经发生过"三一重工事件"和"中兴事件"。到2018年4月，特朗普又发起"301调查报告""华为事件"，对中国的制裁实体清单不断加长，最近又加进哈工大、北航等技术性的大学，严控科学、技术、工程以及数学方面的中国留学生。再加上打击和中国合作的美国大学教师，美国的大学和中国的科研合作已经开始减少。

美国强硬霸道地对中国的技术进行封锁，会不会形成两个平行体系？回答这个问题需要考虑两个因素。

现代技术太复杂，没有任何一个国家可以全面掌握某一项技术。比如一部手机有七八个国家参与制造，iPhone就是全世界共同制造生产。再比如5G技术，美国想自己再建立所谓的俱乐部或者同盟，也有好多国家参与，但未必能搞成，因为华为已经在5G技术领域占据了很大份额。还有技术标准问题，标准大多是由领军企业决定的。我们一开始用互联网的时候，由于标准问题，使用起来特别麻烦，但现在标准已经慢慢统一。同样地，5G标准是很多国家的大企业参与制定的。我们应该注意到世界性的标准不是由国家制定，而是由大企业讨论决定。华为达到了国际领先水平，就不会被忽视。因为这两个因素，美国想要和中国在技术上完全脱钩不太现实。美国一开始曾经限制美国企业和华为一起讨论标准问题，但现在不得不放弃限制，改为美国企业也可以参加有华为在场的技术标准制定，因为华为不再可以被忽视。

另外，美国企业会发挥作用。很多人说中国大而不强，其实中国大就是强。巨大的市场就自然会形成市场权利，美国高通一半以上的芯片销量在中国，如果不卖给中国，高通就无法生存。芯片行业是高举高打的行业，台积电投资5纳米制程的技术，投资额高达300亿美元。在这种情况下，如果高通不投资，就会被台积电甩在后面。高通说2020年要占领中国90%的5G芯片市场，显然是不愿意丢掉中国市场。这些美国企业正因为意识到中国是个巨大的市场，所以会去游说美国政府，对华为的禁令也因此一再延期。这个所谓的禁令并不是说完全禁止，美国企业仍然可以申请对华为出口，获得出口许可证。当然，有些企业申请了但没有获得批准，比如谷歌。除了美国企业，还要考虑其他国家或地区的企业，比如中国台湾的富士康、台积电，采用的是两边下注策略。富士康在美国威斯康星州投资，台积电在亚利桑那州投资，我认为它们的投资有点质押的意思，如果美国坚决不允许它们跟华为等中国企业打交道，它们在美国的这些投资就可能会停掉。荷兰阿斯麦（ASML）公司是世界上最先进的制造光刻机的企业，在中国苏州也有投资。这家公司也有两边下注之意。

总之，中美的"冷战"形势已经形成，但并不会形成两个平行的技术体系。

全球化只是调整，并非退潮

上一轮的全球化我总结有三大特征。

第一，全球经济真正实现了一体化。冷战时期有社会主义阵营、资本主义阵营，1991年之后才真正实现了全球经济的一体化。

第二，中国崛起，成为世界第二大经济体，改变了世界经济的格局。

第三，美国经济的金融化程度不断加深。美国在1999年出台了《金融服务现代化法案》，允许银行混业经营，这使得美国金融迎来爆发式增长。事实上在我看来，美国最大的问题就是过度金融化，很多问题都可以归结到华尔街太强大。

全球金融危机之后，中国在全世界的经济地位仍在上升。中国的GDP总量在2009年只有美国的34%，到2019年达到美国的68%。这意味着中国经济的名义增长率要比美国每年高7.2%。如果以美元来计价，中国经济平均增长率要超过10%。《财富》世界500强企业名单中，2008年只有37家中国企业，2019年这一数字达到119家，和美国（121家）只差两家。2008年中国讨论的问题是在世界500强榜单上的企业太少，现在讨论的是中国企业为什么大而不强，因为中国排在前面的企业全是银行。其实大就是强，能有这么多的500强企业说明中国有实力。中国的崛起对美国的冲击除了贸易不平衡，还有就业、技术方面的赶超。中国在人工智能、机器人、移动通信、数字金融等多个领域进入世界第一阵营，已经可以跟美国平起平坐，甚至在个别领域超越了美国。

美国作为多年的全球领导者，面对不断变化的世界格局，也有切实需要调整的空间。多年来，美国为建立和维持世界贸易体系付出不少。比如WTO规则是美国创造的，这对世界经济一体化和经济增长有巨大意义，美国是中国产品的最终需求者和最大外需。在很长时间里，中国对美国的贸易盈余超过中国对全世界的贸易盈余，也就是中国对美国之外的所有国家都相当于是贸易赤字。如今，美国国内的经济和政治不断地极化，1%的最高收入群体持有的财富比例不断上升，超过总财富额的30%，而50%最贫穷人口的收入在过去50年里没有实质性增长，政府没有合理的二次分配调节制度或改革，造成美国的极化现象不断加重。

这在美国大选中也有所反映。1960年的大选是肯尼迪对尼克松，代表民主党的肯尼迪赢了，当时还没有规律可循。到1976年民主党代表卡特赢得选举时，其所获选票主要集中在南部各州。肯尼迪之后，民主党转向支持民权运动，在南方赢得了选票。1992年克林顿赢得选举，民主党赢得了西海岸、东海岸以及中部一些州，民主党势力已经向两个海岸在延展。2008年大选，民主党代表奥巴马赢下西部和东部一些州。2016年大选虽然是特朗普赢了，但如果把全美的选票加起来，仍然是希拉里赢了，她输掉大选纯粹是因为美国的选举制度。在美国的选举制度中，只要赢得一个州，就赢得了这个州所有的选举人票。希拉里赢的都是大州，人口比较多，输掉了中间那些州。这很明显体现出美国在地理上出现的政治极化：东西海岸支持民主党，中间地区大多数支持共和党。

美国国内不断极化的同时，我们也看到美国在国际上不断"退群"。但大家也不要简单地把美国"退群"理解为其在主动让出世界领导地位，这是错误的。

美国仍然是世界上最强大的国家，而且依然十分想保持自己的强大和世界领导地位。同时，中国在短时间内也不可能取代美国成为真正意义上的世界旗手。美国的"退群"只是以退为进的战略调整，目标是让美国更好地保持世界第一。美国只是从策略上不再想为世界提供那么多免费服务，以后要想获得美国的服务，各国需要付费。谁不想付费，就要完全按照美国的规则来。美国其实是通过"退群"的方法，用自己的标准在重新构造新世界体系。我们千万不要误判为这是美国的衰退，千万不要误以为中国冒头的时机已到，去挑世界的大梁，我们还远远没到那个时候。

至于全球化退潮之说，这究竟是不是一个正确的判断？我认为有点言过其实。全球化要经历调整，这个调整是必然的。美国需要调整，中国也需要调整。中国体量太大，做的事情对世界的影响越来越大。2019年10月28日，我和哈佛大学肯尼迪政府学院国际政治经济学讲席教授丹尼·罗德里克（Dani Rodrik）、上海纽约大学常务副校长杰弗里·雷蒙（Jeffrey S. Lehman）作为联合倡议人，发布了一份37位学者签字的倡议，其中包括5位诺贝尔奖获得者和两位世界银行的首席经济学家。大家都认为全球化需要调整，应该将政策分成两部分：一部分是杜绝以邻为壑的贸易政策，包括对本国产品的出口进行限制，比如美国对中国的产品限制、低价倾销、竞争性贬值、补贴跨境并购等，以邻为壑、牺牲别人来获取好处的政策都应该停止；另一部分是国内政策可以作为可谈判项目进行协商，美国要意识到中国的经济阶段还必须要有一定的政府介入，无论是政府补贴还是国有企业，必须再存在一段时间。中国也要认识到，美国也需要一定的调整空间，在中国的全面冲击下，美国也需要在地理、时间上进行调整。

中国需要关键技术的突破

我们应该认识到，地缘竞争是不可调和的，无论谁当美国总统都差不多，大国需要一定的战略空间，中国也一样。由于地缘竞争的缘故，技术竞争也变得不可调和。所谓的地缘竞争，最后还是经济和技术的竞争。同时，《瓦森纳协定》是对特定国家的武器禁运协定，因此美国和欧洲对中国的技术封锁恐怕都会持续下去，所以中国的技术进步要有新招。

我认为中国技术竞争的目标有两方面。一方面要在关键领域实现技术的自主权，另一方面要在限制的环境下争取统一的技术标准，和美国进行和平竞争。也就是说，美国可以限制中国的技术，但不要使绊子。如果把竞争比作一场拳击赛，中美应该大大方方地到擂台上去打，而不是在大街上毫无规则地乱打一架。

哪些是中国应该努力突破的关键性技术？芯片是一个，发动机技术也是一个。

中国的发动机技术突破慢是因为材料技术限制，中国的材料技术落后的原因是发展时间短。材料当中的元素都知道，但还是做不出来，因为实验需要资金和时间。中国在很多工程领域的落后只有让时间去解决。

未来的世界肯定是芯片的世界，马斯克将芯片植入大脑，芯片就要越做越小。台积电的5纳米制程是当今世界上最先进的，其最终目标是要实现3纳米制程和2纳米制程。1纳米相当于100万分之一毫米，已经属于原子级。

在芯片领域，中国企业在设计方面已经达到了世界先进水平，比如华为、紫光、寒武纪，但是我们还不掌握辅助设计软件。芯片的电路图太复杂，没有辅助设计软件根本做不了，美国不让用就把中国卡住了。

中国晶圆材料是高度依赖进口的，好在主要是日本在做，不对中国限制。但晶圆加工有一项"卡脖子"技术——光刻，现在最顶尖的光刻机技术由荷兰阿斯麦公司掌握。该技术源自台积电的一位天才用新想法突破了激光的 80 纳米极限。他发现光线通过水时，波长就会变短。利用这个原理，让激光经过液体变小，激光刀就越来越小。阿斯麦原来是家小公司，现在打败了日本的企业。中国有四家光刻机企业，唯一有希望取得技术突破的是上海的一家企业，现在可以实现 22 纳米制程的光刻机，但和阿斯麦还有 10 年的技术差距，阿斯麦现在是 5 纳米制程。

芯片加工方面，中芯国际用的是台积电的人员、大陆的资金，可以达到 14 纳米制程。因为买不到光刻机，7 纳米制程暂时无法实现。台积电已经进入 5 纳米制程时代，相差两代。如果不解决光刻机技术，中国在芯片领域就很难实现突破。

在芯片封测领域，中国的差距相对小一点。

总体而言，中国芯片在辅助设计软件、光刻机技术这两个关键性环节受人控制，今后可能要用 5~8 年的时间在这两个工序里谋求实质性突破，摆脱对外部的依赖。

中国一定要致力于维护和推进开放共融的全球创新体系

虽然全球化目前遇到较大的阻力，有回潮之势，但我们还是要积极地维护和推进一个开放、共融的全球创新体系。

国际上，中国要积极参与WTO改革。因为美国不参与，WTO就持续不下去，中国应该主动帮助建立新的规则。如果美国关注补贴问题、发展中国家待遇问题、国有企业问题，这些中国应该都可以谈。发展中国家待遇问题，对中国已经不再是必不可少，中国从中也没有太多实质性的受益，更多只是名声问题，为什么不可以谈？

同时，在国内我们要切实减少政府干预，除了少数技术路线比较成熟的产业，比如芯片，应该有一定的政府资金进入和相关扶持，其他的一定要交给市场。市场才是创新主体。因为谁也不知道创新从哪里来，没人能在几十年前知道华为的今天。20多年前，当互联网兴起时，谁能预测阿里、腾讯的成功？这些都是从市场中自己长出来的。

今天的世界已经很难容忍19世纪那样的重商主义或国家资本主义，中国一定要主动地警惕这一点。不要以为自己制定的只是中国国内的政策，很多政策都是有世界含义的。国际上只要看到中国政府还在干预产业和企业，就会担心甚至害怕中国的不公平竞争，就会怀疑企业的背后有政府。华为背后没有政府，任正非这么多年非常小心地与政府保持距离，但还是没办法，依然有国家认为华为跟政府有关系。我想这主要是因为政府对市场整体的干预太多，我们应该让中国企业自己去参与世界范围内的竞争，最后走向世界前列，参与国际标准的制定。

我们要与美国保持经贸领域的深度融合，完全脱钩是不可能的。现在有一种论调，认为中国应该趁机放弃和美国第一阶段的贸易协定，跟美国说因为新冠肺炎疫情，中国已经无法执行协定，我觉得这是不可行的。美国要中国买它的商品，从某种意义上就是还想跟中国在一起，这是一个跟美国深度融合的绝佳机会，而且我们也需要能源、大豆、飞机。我们可以跟美国谈，因为疫情按照原计划在两年内完成有难度，能不能延长为三到四年完成。前一段时间刘鹤副总理和美国贸易谈判代表通了电话，两个人放出来的信号都说谈得非常好，说明双方依然还保有默契。

我的建议是，我们不仅要履行第一阶段的贸易协定，而且要积极开展第二轮贸易谈判。因为美方透露出来的谈判议题就是美国要融入WTO规划的内容，这刚好是中国参与国际规则制定的机会。我们总说美国是国际规则的制定者，我们也要参与国际规则制定。如果美国愿意先跟中国谈，谈了之后拿着谈判结果到WTO做模子，照着修改，那不就代表我们参与了国际规则的制定吗？

最后再强调一下：中国和美国作为大国，都要致力于形成一个既有竞争，同时又是你中有我、我中有你的合作关系，最大程度地避免滑向热战。一个纵然激烈但保持良性的竞合关系，即"竞争＋合作"的关系，对中美和整个世界都有利。

第二章　中美关系至关重要

中美经贸关系——关于中国定位的两个原则[①]

北京大学国发院是高校智库，也是国家高端智库。我们独立做研究，并为政府提供政策建议。在过去10年中，我们一直在牵头组织中美两国之间的对话，并与杰弗里·雷蒙教授以及丹尼·罗德里克教授共同推动《中美经贸政策工作小组联合倡议》（简称《联合倡议》）的产生和发布。

关于这份《中美经贸政策工作小组联合倡议》，我想主要从中方角度来阐明我的观点。

目前，在中美经贸关系的对立和僵局中有两个极端观点：一个是趋同，就是让中国高度趋同美国的市场经济模式；另一个是脱钩，就是中国和美国完全脱钩。中美的学者以个人名义，自发地组建一个工

[①] 本文为姚洋教授2019年10月27日上午在北大国发院和上海纽约大学联合举办的主题为"中美经贸关系——寻求新的出路"论坛上的演讲。

作小组并达成一个共同倡议，就是想从学术的角度呈现我们的理性思考，在两个极端之外探寻第三种方式，让中美在保留各自经济体制特色的基础上，以一个折中方案使中美经贸关系，乃至中美关系避免陷入僵局甚至对立，从而还能继续在经贸、投资等多个领域合作，这对中美两国和整个世界都意义非凡。

为什么要允许中国在经济体制上保留特色？

中美经贸关系出现对立和僵局有很多原因，其中一个难点就是很多美国人不理解为什么要让中国在经济体制上保持自己的特色，而不是向美国趋同。这有两个原因：

第一，中国整体上还是一个发展中国家，发展还是主要任务。中国的人均收入只占美国的 1/4，排名位于全球第 70~80 名，还是一个不折不扣的发展中国家，还需要采用经济优先的战略，需要政府扮演适当的角色，包括调动资源和协调作用。

第二，中国的经济体制还在不断改革，改革还是进行时。虽然从 1978 年改革开放算起，中国的经济体制也已经改革 40 多年，但还远远没有完成。我们的目标是通过改革使中国探索出更有效的经济体系，但这需要时间。过去 40 多年，中国走了一条渐进改革的路，没有采取跃进的、激进的方式，既避免了大的动荡，实现了经济的持续稳定增长，同时又使经济体制不断改革和演进，以更好地适应和促进经济增长。

因此，中国作为发展中国家，经济还有巨大的发展空间，需要政府继续扮演一定的角色；与之相应，中国的经济体制改革也需要时间完成，世界应该允许中国从内部摸索改革的方向。

有人认为，美国的政策意图就是想抑制中国的发展，但这是以偏概全的看法。美国是一个多样化的国家，特朗普政府的政策甚至是多变的，我们不能拿某一个政策或某一个人的观点代表整个美国。我们要保持起码的理性和科学精神。

我们可以看到，在这份联合倡议的创想与探讨过程中，美国的经贸与法学的主流学者们还是希望同中国找到一个折中方案，希望能推动中美之间的和平共存，而不是脱钩。我们双方学界所达成的联合倡议与最近一轮中美经贸磋商达成的协议有很多不谋而合之处，充分说明这种共识远远不止于学界。

作为学者，我们的讨论也没有局限于达成泛泛的共识，而是希望构建一个磋商的核心框架和行动方案。涉及中美贸易当中的跨境问题，我们会推荐采用《联合倡议》中提出的"第一只篮子"来解决，摈弃"以邻为壑"的政策。对于两国的国内政策，可以先选择"第二只篮子"，即先谈判；如果无法谈成，则进入"第三只篮子"，即两国有权力采取一些自我防护的措施。

为什么中国要在国际舞台上转变角色？

世界允许中国保持经济体制的特色，但我们也要思考适时转变自己的角色。

在过去的40多年里，中国正好赶上了上一轮全球化的大浪潮，从中受益良多，甚至说最多也不为过。这当然离不开中国的主动开放，但与此同时也离不开全球市场对中国打开国门的欢迎，以及对中国发展所需要的技术、资本等诸多要素的支持。作为全球多年的领导者，美国也发挥了很大的作用，尤其是在支持中国加入世贸组织方面。中国目前创造出来的大部分财富都是从加入世贸组织的那一刻开始的。因此，中国完全有理由来保护世贸组织这样的国际体系，维护全球化的成果。但是，中国也要清醒地意识到自身的崛起对于世界的冲击。

在上一轮的全球化浪潮中，中国是全球规则的适应者、全球体系的跟随者。但随着中国的发展，我们也要认识到自己长大了，正在对全世界造成越来越大的影响。这种影响不仅让美国感受到了，产生了一定的不适、担忧，甚至是摩擦和反制，而且也让很多发展中国家感受到了，对此我们要保持清醒的认识。

中国依然是发展中国家，但与此同时，我们必须意识到自己是一个非同寻常的发展中国家，是一个大国，而且是一个在全球化浪潮中崛起的大国。这意味着我们不仅大，而且与整个世界的联系十分紧密，我们的一举一动会给全世界带来非同寻常的影响。

作为这样一个大国，我们必须考虑自己的行为可能带给别人的影响。为此，我们必须转变在国际舞台上的角色，不能再停留于简单的国际规则的适应者和国际体系的跟随者，必须逐步成为规则制定的参与者，甚至是主导者。作为适应者和跟随者的时候，我们不用过多考虑别国怎么想，只需要自己尽可能地从中获取优势即可。但作为举足轻重的大国，我们必须积极参与国际规则的制定和国际体系的调整，并考虑我们的选择可能给别人带来的巨大影响。就像我们在企业里做部门主管和做CEO（首席执行官），是大不相同的：CEO不能只考虑某一个部门的利益最大化，必须通盘考虑公司的整体发展。

总结起来，中国还需要时间来发展，世界需要给中国经济体制一定的包容性和耐心。同时，中国也要意识到，自身在整个世界中的经济体量今非昔比，为此也要给美国和整个世界调整的时间，并积极转变自己在国际舞台上的角色和思维模式，充分考虑自身发展带给他国的影响和整个世界的综合得失。

警惕中美脱钩论中的利益企图[①]

关于中美贸易谈判，最危险的论调就是脱钩论。美国最保守的那部分势力基于自身的认知和利益希望中美脱钩。国内也有人回应，尤其有些技术领域的人积极鼓吹中美脱钩。但我们不能不考虑其背后可能有利益诉求，因为脱钩之后国家就会投入数以千亿计的资金去做技术攻关。有些条件不允许的技术攻关投入很大，但取得的效果一般，会造成巨大浪费。所以这个话题需要从多个方面做严肃的公开讨论，不然就会犯错误。

首先，我们对贸易战要心态平和，贸易战只是正常的国际贸易纠纷，它的严重程度远未达到可以影响中国现代化进程的地步。我们不能把贸易战对中国的影响看得那么高。美国在20世纪80年代跟日本也打过一次贸易战，即便它们是盟友，照样有贸易战。因为美国霸道惯了，只要自己出现问题，就希望别的国家做出调整来适应自己，而不是它自己做调整。这是它对待所有国家的通用手段，所以不宜对中美贸易纠纷做出额外解读。中美贸易战也仅仅处于贸易纠纷层面，不能把问题看得太严重。

其次，中美贸易战中有一个影响我们判断的关键点，那就是美国

[①] 本文写作于2019年8月。

朝野甚至美国政府不是铁板一块。我们不宜把美国对华的每一项政策，都理解为美国遏制中国的宏大严密战略的一部分。但这个判断在国内几乎已经成为共识：美国上下一心，下定决心要搞垮中国，它的每一个动作都是这个大战略的一部分。

最后，一个开放共融的世界体系才是中国实现技术赶超的最佳环境。关起门来搞独立创新有可能搞成，但是代价太大，不是中国的最佳选择。

敌视中国的是美国少数派

美国挑起贸易战有四个方面的原因，内部既有共识又有分歧。首先，大部分美国精英认为美国长期以来的对华政策，也就是对华接触政策是失败的。他们所谓的失败是指中国没有变得越来越像美国，用我们的话来说就是美国对华和平演变失败了。

这个看法虽然接近他们的共识，但也并非铁板一块。《华盛顿邮报》不久前刊登了100多人的联名信，就是反对将中国视为对手。这些人并非都是中国通，他们不过是对中国比较理性的一批人，并不认为美国对华政策失败了。

美国对华战略发生变化不是从特朗普政府才开始的。美国对华政策的转折点出现在2010年，即第一届奥巴马政府时期，其标志是奥巴马推出"重返亚太"战略。美国那时就已经放弃了所谓的接触政策，变为提防中国。因为金融危机之后中国经济一枝独秀，变得越来越自信。这对美国产生了心理挑战，他们觉得看不清中国了，要提防中国，要重返亚太。所以，中美关系变化并非特朗普一手促成。

但贸易战爆发的主要推手还是特朗普和他的助手们。特朗普、莱特希泽、纳瓦罗，他们的想法是一致的，即美国巨额贸易赤字是大问题，美国大量企业转移到海外，产业出现空心化这也是大问题。他们的判断有正确的成分，因为一个国家不可能永远巨额赤字下去，这会输光未来。所谓贸易赤字就是财富的转移，现在欠的债，将来子孙后代还得还。这是一个很简单的道理。同时，美国的产业空心化的确也是个问题，好多人没有工作了。

但是他们解决问题的方法在经济学家看来是错误的，增加关税很难解决这个问题。这是美国经济结构形成的问题。美国向高端产业发展，经济主要分布在东海岸、西海岸，东海岸是金融、教育产业，西海岸是高科技产业，中间内陆基本没什么很好的产业。民主党人的票仓基本都集中在东西海岸，中间地带都投共和党。2016年美国大选，希拉里得票多是因为沿海这些州人口多，但中间地带的州数目多。所以特朗普输了选票总数但赢了州，最后赢了选举。这实际上是美国的空心化造成的，很多人无法得到很好的就业，自然会抱怨。

特朗普认识到了问题，但他开的药方是错的，全世界的人都反对他，既没有把自己的病治好，又把全世界搅乱了。

特朗普不是一个意识形态很强的人。他是商人出身，对于美国对华政策的失败没有概念。他骂前任只说他们把经济搞坏了，纵容中国获得巨额顺差。他对和平演变中国也没有概念。所以，特朗普并非美国真正的强硬派，但强硬派很自然地要借力特朗普。虽然特朗普的注意力经常转移，但有一点他很清楚，就是关税，从他年轻到现在一直就这么讲，20世纪80年代接受采访时他也是这么说的。

特朗普不在意中国是否在进步、中国的营商环境好不好、是不是给美国企业国民待遇，这不在他的关注范围，纳瓦罗、莱特希泽亦然。他们只要求给予在华美国企业所谓的公平对待。因为中国真的把外商的经营环境都搞好了，给国外企业国民待遇了，那美国企业来中国的就更多了，跟他们的意图完全相反。他们要的是把美国企业都拉回美国。

中国的经济增长速度下降，相应地，美国企业就感觉在华大环境变坏。这样特朗普就特别高兴，说美国企业还待在中国干什么，赶紧回来吧。

所以，特朗普对中国改革、对中国变成什么是没有兴趣的，他的幕僚也没有兴趣。但之所以把这些内容列为谈判重点，只是为了占据道德高地，也是因为受到美国企业的压力。按特朗普的想法，直接加关税、让中国买更多的东西就成了，没必要费力去谈其他事。

中美谈判之所以加了国民待遇这些内容，是美国企业在起作用。不要小看美国企业和华尔街的能量，它们希望中美不要脱钩，中国的运营环境赶紧改善，实现外企国民待遇。它们在搭贸易战的便车，是它们迫使特朗普政府提出改善外企在华营商环境。

所以，对美国企业，我们要从两方面看。一方面，在贸易谈判里，它们是对中国施压的一个源泉，美国财政部长姆努钦代表他们的利益。姆努钦就是华尔街出来的，自然代表企业利益。他很少谈关税，因为他明白关税没用，所以关税让莱特希泽和纳瓦罗去谈。所以，特朗普政府内部的关注点也不一样，我们不能将他们等同视之。另一方面，美国企业是中美之间的黏合剂，没有美国企业，对华为的处置转向不会那么快地回转，这显然跟利益相关的美国企业有很大关系。所以，美国企业依然是中美关系的基石，我们要积极争取。

美国真正的强硬派，是共和党的少数极端保守派和美国的安全部门，即所谓的"deep state"（深层政权），后者肩负着美国国家安全的职责，是单独运作的一条线。它有权力监视总统，总统椭圆形办公室安装有摄像头，总统的一举一动全部被录下来，由它保存。它是美国的最后一道锁，美国在紧要关头时是它在掌控，而不是总统，但只有美国面临崩溃或者出了天大的问题的时候它才会出来。他们仇视中国，想和中国完全脱钩，但强硬派只是少数。deep state可以做一些事情，但不掌握美国日常运作的方向，通常情况下掌握美国的人仍然是民选政府。民主党相对温和，他们关心的问题和共和党不一样，他们更关注中国的人权、环境这些议题，这也是我们可以谈判的问题。

对于特朗普的阁僚，我们也要具体分析。蓬佩奥志在特朗普任期之后的政治前途，需要特朗普的支持来实现上位，但他有自己的判断，很多时候只是顺着特朗普，只说不做。彭斯代表共和党保守派，但他骨子里是不是反华很难说。美国政客表面说一套，实际做另外一套，不能听他说什么就判定他的政治谱系。

美国只有极少数铁了心要和中国完全脱钩的势力，这个判断一定要清晰。不能因为特朗普通过关税打压中国，就认为美国铁板一块地都要打压中国。这种认知是错误的。美国是个秩序多元的国家，尤其是特朗普政府，内部乱得一塌糊涂，各方意见互相打架，甚至特朗普自己都跟自己打架。我们不能期待这届美国政府有一致性的行动。

扩大朋友圈

我们要进一步弄清楚的是，中美是不是必有一战？中美竞争是否是零和博弈？

中美之间在某种意义上是对手。二者的政治制度不一样，而且我们对美国的技术追赶让它感到了压力。所以中美不能不说是对手，但是和平竞争是可以实现的。

苏美相争时，意识形态争端那么强烈也没有出现"热战"，维持了几十年的和平。中美还有大量的经贸往来，连"冷战"都没有出现，所以我们没有必要把中美贸易纠纷想象得那么严重。

况且中国不是苏联，我们拥抱了很多世界价值，中国在过去40年有非常大的改变。中国的经济实力也远超苏联。苏联在其国力最强盛的时候，GDP也没达到美国的一半。中国现在经济总量是美国的60%，而且这种增长还没有停下来的迹象。从实力对比来看，中美和美苏没有可比性，中美融合也远超美苏。

美国军方也有表态。最近美军太平洋舰队司令讲话，说中美是竞争关系，但未必是敌人。美国多数人不想和中国成为敌人，如果这两个大国为敌，那代价太高。

中美要坚持竞合关系，双方要和平竞争。中美有很多合作机会，美国农产品、天然气、客机需要找到买家，中国也需要这些产品。同时中美之间人文交流频繁，两方面都受益。现在这种信息流动是双向的，技术流动恐怕也很快要变成双向的，并不仅仅是单向地从美国流向中国，慢慢反过来流了。BAT（百度、阿里巴巴、腾讯）、华为是世界一流的公司，它们有些技术超越了美国企业。在这种情况下，技术流动是双向的。技术流动不一定是把技术拿到美国去，人员的交流就是一种技术流动，这种交流就会造成技术的双向交流。

此外，中美在国际舞台有很多合作机会，如WTO、国际反恐、国际援助，甚至在"一带一路"也可以合作。

中国要积极参与和制造多边机制来对冲美国的压力。中国主导的亚洲基础设施投资银行就做得很好。一开始美国反对，但英国参加之后，欧洲国家都参加了，现在成为由中国发起的多边机制的典范。那么，"一带一路"能不能变成一个多边合作机制？"一带一路"单靠中国推动会涉及很高的成本，而且容易被误解。如果"一带一路"像亚投行一样形成多边机制，尽管一开始可能很多人怀疑，但一旦做起来，怀疑的声音就会小了。

经济合作与发展组织是我们可参考的多边机制的典范，是20世纪60年代肯尼迪总统倡导设立的。经济合作与发展组织是一个富国俱乐部，不是能发号施令的组织，而是一个知识银行。它创造知识，即所谓的最佳实践，产生了很多在成员国间推行的最佳实践，而后又跨出成员国影响了全世界。所以经济合作与发展组织一直很有影响力。我们需要建设这样一个相似的组织，因为经济合作与发展组织是富国的俱乐部，发展中国家也需要适合自己发展程度的最佳实践。"一带一路"也应该做成这样。当"一带一路"成为一个世界级多边机制组织后，总部可以设在欧洲，就像当年经济合作与发展组织不是设在美国，而是设在巴黎一样。大家一起商量"一带一路"最佳实践是什么，这对中国是有利的。大家都明白这个组织是中国主导的，但因为是个透明的多边机制，没有人会有意见。就像亚投行，难道大家不明白是中国主导的吗？因为那是个多边机制，大家都愿意接受。

再来看WTO。美国人说我们没有履行加入WTO时的承诺，这是错误的。中国加入10年的时候，WTO出台了一个报告，说中国基本上实现了承诺，但是有一点要改进，改了之后就可以和美国之外的其他国家合作了。中国加入WTO是以发展中国家的身份加入的。我们加入已经20年，也高速发展了这么多年，还是不是一个发展中国家？在WTO框架定义中，发展中国家是有实际利益的。但我们是不是还要坚持这个身份？我觉得没有必要。

首先，中国的经济体量已经如此之大，对世界的影响也如此之大。中国已经担负的责任和应该担负的责任，不再与发展中国家匹配。比如我们在"一带一路"上外援那么多，这不是典型的发展中国家所为。

其次，中国在WTO框架中受益非常多。过去20年在WTO的框架中，中国是受益最大的国家，现在到我们"回报"WTO的时候了。

中国在过去的十几年里承担了越来越多的国际责任，这些责任主要是在援助、维和、反恐等方面，但是中国应该参与承担更高端的责任。譬如对于WTO的改革，中国要有足够的参与，但前提是必须放弃发展中国家地位。这样，中国可以在WTO内部化解很大矛盾——至少欧洲和日本觉得中国应该开始承担和它们差不多的责任了。

还有一个问题是国有企业。按经济合作与发展组织的说法，国有企业要符合竞争中性。中国实现了国企竞争中性，就能满足WTO的要求，那么参与WTO改革的问题就迎刃而解。

之所以中国要参与WTO改革，原因是其现在被美国阻挠，欧盟、日本、澳大利亚都想改革，这是中国巩固老朋友、发展新盟友的好机会。中国这样做就可以把自己变为多数派，在事实上孤立美国。

自我阐释的方法论

在国家的全面竞争中，我们阐述自己的制度要有一套可以让别人接受的方法，要学会用中国的传统文化、传统哲学来诠释现在的制度，这样更容易被世界接受。

比如我们目前选贤任能的方式，是继承了中国过去两千多年的传统。中国从西汉开始就是用这种方法在选拔人才。

还有儒家"和"的概念。我们承认中美之间有竞争，但目标不是把谁灭掉，我们的目标是世界融合。世界三大文明，中华文明是唯一不间断地存续下来的，"和"就是中国几千年的存续之道。

西方言必称希腊，那我们可以言必称孔孟。难道希腊的东西就一定比儒家、道家的东西高一等吗？目前世界遇到的各种问题，需要中华文明来做一些改造。

希腊文明虽然被想象得那么美好，但其实只有雅典对内实行民主制，斯巴达实行的就不是民主制，其他地方可能还是奴隶制。雅典对内民主，对外也是征服，被征服的城邦要向它纳贡。雅典和斯巴达的伯罗奔尼撒战争就是由它们的附属国间的争端引起的。所以，希腊没有想象的那么美好。西方文明一直是对外征服的文明——当然也有好的一面，因为要去征服别人、征服自然，所以产生了科学。

中国儒家讲如何和平地生活，道家讲如何跟自然成为一体。二者映射到国际秩序中，就是"和"。春秋战国的很长一段时期里，大国和小国之间并不是纯粹的掠夺和被掠夺关系。小国鲁国和大国齐国长期共处，它们互相进贡、互赠礼物，尽管按实力大小，鲁国应该天天给齐国进贡。

今天我们在重新思考世界秩序的时候，中国的这种文化对世界应该有所贡献。竞争的最终目标是要融合起来，不是西方那种征服。

如果我们用这套方法讲国际社会的竞合关系，就可以站在道德高地上。

贸易战的烈度

中美贸易纠纷对中国经济产生什么影响，决定着我们的工作重心在哪里。

中美贸易纠纷对中国经济造成的实际影响比较小，因为中国对美国的出口只占我国全部出口量的16%。2019年上半年中国对美贸易下降了10%，这部分占中国全部贸易量的1.6%。有些人说贸易战造成的出口下降导致我们经济困难。有些企业的确受到很大影响，但是宏观数据对此并没有体现。上半年我国出口增长了6%，这是很高的增长速度，超过了世界平均出口增长速度。有人说越南对美出口增长40%，了不得。但越南一年的出口总额不到2500亿美元，才占中国全部出口的11%。它增加的40%即便全是从中国转移的，也只相当于中国的全部出口下降4%。再说，越南对美出口增加的部分也不可能全都是从中国转移的。

出口数据是比较真实的，因为企业向外出口产品，资金要回到国内，没有必要做假（进口是有理由造假的，有人为了转移资产，做假进口把钱汇出去）。我们的出口并没有受到贸易战太大影响。2018年也基本没有受到影响。2018年的问题主要是信心不足，2019年大家都脱敏了。因为中美贸易战爆发后，大家一看没多大影响，反反复复地倒腾，也适应了，就没反应了。

现在国内经济比较困难，是因为去杠杆等因素造成的，跟外贸没有多大关系。有些人对全局的判断被一些显著的迹象左右了，理性观察还得看全局和宏观。

对于中美贸易谈判，要有长期打算，认识到这就是个贸易纠纷。短期内，特朗普恐怕比中国还着急，特别想要一个协议，然后他就可以对外宣称自己把中国人压服了。这样他就拿到了政治资本。如果没有谈成，下半年选战开始他就要表现得强硬，可能还得给中国加税，但加税美国老百姓可能不干，也会得罪美国商界和华尔街的人，所以他的压力是比较大的。不管怎样，中国要把国内的事情做好。贸易谈判的影响比较小，我们没必要那么着急，就慢慢跟它谈，因为这是个长期问题。

更重要的是，国内的改革还要坚持。2018年我们宣布了几个金融对外开放的措施，2019年全国人大又通过了新的《外商投资法》，明令禁止强迫技术转让等。最近国家又公布了新的负面清单，内容从140多项下降到了40项，这是很大的改进。如果国企改革以竞争中性为目标，那么他们要求的，我们自己就做到了。这些改革的确是我们自己想做的，我们就是要增强中国的吸引力，把中国的经济搞得更强大。

中国对美国的出口会下降，但影响不大。中国现在对其他地方的出口增长很快，当中国对美国的出口慢慢下降后，由其他地方来弥补，两相平衡总量就又持平了。

未来世界领袖不应与世界脱钩

中美脱钩论值得特别注意。

美国企业是不愿意对华脱钩的。华为受限让我们吃了一惊，但冷静下来会发现这真的不用怕。打个比方，在戏园子，不是观众怕戏园子不卖票给你，而是演员怕没观众——观众是衣食父母，如果没有衣食父母，台上唱戏的不就白唱了吗？美国60%的芯片卖给中国，如果不卖给中国，它的企业不就死掉了吗？如果货卖不出去，美国企业极有可能被韩国甚至中国的芯片企业抢走市场份额。假如没了这部分市场份额，美国企业的技术进步率就要降下来。芯片业是高举高打的产业，台积电在研发和生产中的投入有多大？每次都是投入几百亿美元。不投入就不能做到世界领先，就会失去市场，所以美国的企业也要有巨大的投入。制裁华为一开始把美国企业也吓住了，后来它们全都反水，要求美国政府放行。所以，中美脱钩是不太可能发生的。

美国进行技术封锁是有可能的，就是不让中国像以前那样并购企业获得其技术。但商贸往来，高科技产业供应链不会断。

现在国内外很多人鼓吹中美脱钩，全世界生产链重组等等，说得天花乱坠，但没有证据表明这正在发生。如果真到那个地步，美国的受损程度不亚于中国。中国付出的是成本，因为要投入更多资金去进行自主研发，而美国失去的是长远的市场份额，失去的是已经由它主导的产业生态和产业优势。美国不会这么做。

中国更不应该与其脱钩。我们过去取得很大的成就，导弹工业、航天工业基本都是我们自己搞的，但成本太高了。

现在这个世界里，不可能什么都靠自主研发，没有哪个国家能负担得起成本。做芯片难在成品率，台积电的成品率大概也就80%。我们的企业买的机器设备跟台积电买的机器是一样的，但想达到那样的成品率却是很难的。所以我们要有清醒的头脑，中国处在开放共融的世界，这是我们实现技术创新、技术赶超的最佳条件。

现在，我们特别要警惕国内一些利益集团的背后运作。脱钩论背后有巨大的利益，有些人想趁机从国家得到更多好处，先造声势，让国家采纳，然后国家要投入源源不断的资金。我们过去投入芯片研发的很多资金都打了水漂。因为我们的瓶颈不在研发，我们的芯片设计能力已经没有太大问题，我们差的是制造，而这不是短时间能做出来的。

台积电现在可以稳定地生产7纳米制程芯片，而且要开发5纳米制程、3纳米制程，国内稳定量产的是28纳米制程，14纳米制程还差一点。但是28纳米制程在绝大多数场景下已经够用，包括华为的5G基站设备也用不到7纳米制程芯片。军需也不要反应快、大容量的芯片，最需要小芯片的是玩游戏的手机。

我们需要换个角度来看自主研发。中国正在慢慢成为全球领先者，领先者就要有领先者应有的姿态。在经济方面，不能把所有的产业都自己做了，得给别人活路。中国市场太大，做什么应该都能做出来。但这样一来，别的国家还怎么活？我们现在很多产品拿出来和别国产品一比较，不仅质量高，价格还是其一半。但是作为世界领袖，不仅要学会自己活，还要让别人也能活。我们不可能每一个领域都走在世界最前列，还是要依靠全球分工。我们在有些方面可以走在世界前列，有些方面还是要别人去做，这样我们的成本降下来了，全球贸易分工也协调了。让大家能一起玩，才是一个世界领袖应有的姿态。

不要让贸易战动摇中国开放创新的基本原则[①]

自美国发动对我们的贸易战以来，国际形势变得更加错综复杂。我们国内也出现了新的思潮：一种是脱钩论，认为美国对中国的态度已经有了非常大的改变，美国未来的目标就是阻止中国的崛起；一种是"自主创新"论，认为我们应该像以前那样不靠别人，完全靠自己来搞，坚持所谓的自主创新。

我认为这两个判断都是非常值得商榷的。

要对中美脱钩论保持清醒

我们要保持清醒，美国真正想阻止中国崛起的是极少数人，大概也就是共和党中的强硬派，还有一些美国所谓的"deep state"，主要是军界和安全部门。这些人的数量很少，但他们的极端言论被过度地放大了，像纳瓦罗这种人在美国也应该是少数。

我们要认识到，竞争不等于敌视，把中国当作竞争对手并不等于美国想阻止中国崛起。在某种程度上来说，竞争意味着平等。

我本人是不看好脱钩论的。

[①] 本文为姚洋教授 2019 年 11 月在《中国经营报》"中国企业竞争力年会"上的演讲。

首先，美国的绝大多数人，特别是商界，并不愿意和中国脱钩。中国是一个巨大的市场，离开中国市场，很多美国高科技企业活不下去，至少很艰难。比如芯片产业，美国芯片产量的 40%~60% 销往中国，脱钩就意味着这个巨大的市场与他们无关。包括中国台湾的台积电，投资 300 亿美元建设 5 纳米制程工艺的新工厂，瞄准的就是中国大陆市场。所以即便特朗普下令禁止给华为供货，台积电也没有顺从，因为失去中国大陆市场就失去了未来。

其次，美国商界的本意是搭上特朗普的贸易战便车，真正的目标就是让中国进一步向美国企业开放市场和让利。

中美贸易谈判的内容有很多都涉及中国的国内政策。美国这么做的目标主要是两个：一是减少贸易赤字；二是让美国企业都尽可能回到美国，增加本土税收和就业。中国如果继续深化改革、扩大开放，无疑会进一步优化经营环境，对国外企业的吸引力更大。如果美国企业更多地选择留在中国，这和特朗普的目标有矛盾。因此，我们要积极争取美国企业界的支持，加速国内的改革。

开放式创新是中国的必由之路

美国商界的本意不是脱钩，中国更要珍惜自己的开放环境，尤其是开放创新所带来的技术进步。

新中国前 30 年用了两代人的积累和牺牲换来了难得的技术进步，引爆了自己的原子弹，同时在空间技术、航天技术、导弹技术上取得了长足的进步。今天，我们在这些领域都已经是世界一流，和那30年的积累有关。但这种闭门式的自主创新不可持续，代价过于昂贵。

改革开放以来，我们的技术进步更快，但与前30年不同，我们并没有付出更高昂的代价，因为这些技术创新都是开放式的。高铁就是很好的例子。在没有技术基础的情况下，我们首先购买了日本、加拿大、法国和德国等四个国家的技术，然后进行本土化。短短十几年间，高铁基本上全部实现国产化，这是一个非常成功的案例。如果没有开放整合，恐怕关起门来再干20年也干不出来。

面向未来，开放仍然是我们国家技术进步的主要方向和原则。当然，这并不是说开放创新就完全放弃了自主创新，两者完全不矛盾，自主创新也应该以开放为基础。

必要的技术追赶和创新才适用产业政策

不管是开放式创新，还是自主创新，产业政策都是无法回避的话题，我不主张一概地肯定或否定产业政策。

北大国发院的两位学术带头人林毅夫老师和张维迎老师，曾有过一个关于产业政策的争论。很多人问我对此的观点。我是阶段论者、区域论者、项目论者。就是说产业政策要不要搞，一定要看发展阶段、区域状况，也要看具体项目。项目的关键点就是技术路线是不是明确。如果技术路线明确，只是缺人缺钱，那么产业政策就可以搞。

以芯片为例。一个芯片工厂投资，起步就是三四百亿美元，不是哪个企业甚至哪个地方政府轻易就能做的。所以国家集中投资武汉光谷的长江存储做存储器芯片是可行的，因为芯片的技术路径非常明确，缺的就是资本、经验和成品率。台积电的成品率能达到80%以上，而我们的成品率可能就只有70%。成品率低，成本就高，定价也下不来，自然无法参与竞争。所以，芯片行业就需要高举高打，前几年一定要多投入，把成品率做到80%以后就可以参与市场竞争。目前，长江存储器芯片很快就能进入实用阶段，这是非常了不起的成就。

必须坚持以市场创新为主

但是，多数创新的路径是不清楚的，特别是进入技术前沿之后。比如阿里、腾讯和华为，已经进入无人地带，它们的创新是高风险行为，必须有相匹配的市场结构才能分担风险和鼓励冒险。这种技术路线不明确的创新，风险一定要由分散的个体来承担，而不是由国家来承担。

我们通常看到的都是创新极其成功的人，为之欢呼，为他们的投资回报率感叹。比如孙正义投资阿里，回报率大约为2900倍。但实际上，孙正义赚的是那些创新失败者的钱。因为阿里这个级别的创新，成功概率大概也就是1/3000，如果回报率达不到3000倍，社会作为一个整体就没有人投资这样的创新了。政府不可能知道谁成谁败，也担不起这样的风险，只能由市场来做。

中国走到今天，越来越接近世界技术的前沿，可引进、模仿和整合的技术越来越少。未来的路径无人知晓，必须更多地依靠自主研发投入。在这种情况下，就要依靠分散在市场的创新者，而不是政府。比如互联网、AI、区块链等很多前沿领域，全球都在探索，政府不应该站出来主导创新，因为方向是极不确定的，和芯片、高铁等技术方向已经确定的产业不同。但现在很多城市和地方政府都在介入，结果可能非常不理想。比如，大批的新能源汽车公司涌现，都是为了产业补贴，最后能够成功活下来的很可能还是传统车企。非传统车企目前能看到成功希望的，恐怕只有特斯拉。政府在这方面的产业政策要把握好"度"。很多创新不用政府鼓励，真正的企业家自己就会去做。我接触的很多企业都在创新，自己一步一个脚印地往前走。这是中国未来的希望所在。

第三章　用世界坐标看中国

中国无须跟随欧美"放水"刺激经济[①]

全国两会公布了2020年的宏观经济调控总体方针，指导思想是落实以民生和就业为导向的"六保"政策，不搞大规模刺激。中央政府新增的1万亿元国债和1万亿元抗疫特别国债要直达市县，直接用到"六保"上面。地方政府专项债增加了1.6万亿元，用于满足地方政府的投资需求，但也需警惕地方借机再次大举筹借商业性债务。在货币政策方面，2020年的政府工作报告强调精准滴灌，资金要直达受新冠肺炎疫情影响严重的中小微企业。政府工作报告之所以没有为全年设定经济增长目标，一个重要原因就是要防止重演过去十余年间地方政府商业债务反复上升的循环。

与西方国家动辄数万亿美元的刺激计划相比，我国政府在疫后经

---

① 本文写于2020年6月。

济恢复方面的财政政策和货币政策显得相当克制。这样的克制是否具备坚实的基础呢？从经济基本面来看，回答是肯定的。

一是疫情发生之前，我国经济已经进入恢复增长的快车道，疫情造成的经济下行不足以改变这个态势。

二是我国已基本走出疫情，疫后经济恢复相当稳健。2020年一季度受疫情影响，GDP负增长6.8%，但4月负增长收窄。消费是一季度下降最多的指标，但在5月迎来反转，尽管与2019年同期相比尚有差距，但基本上填平了一季度的急剧下降。PMI（制造业采购经理指数）已连续两个月超荣枯线，PPI（生产者价格指数）负增长率收窄，说明企业的生产和销售都在向好的方向转变。6月的情形预计会比5月更好，二季度的GDP总量有望与2019年同期持平。总体而言，我国经济已经显露出V形反转的端倪。只要下半年疫情不出现大规模反弹，全年实现经济正增长应该是没有问题的。

三是保民生、保就业措施本身就对经济恢复具有刺激作用。此次经济下行与以往最大的不同是居民可支配收入和消费的下降，保民生和就业是最对症下药的措施，既可救助受疫情影响的民众，又能提升全社会消费，为企业提供有效需求。目前，企业面临的最急迫问题是缺少订单、开工不足。在这种情况下，增加流动性对它们的帮助不大，而基础设施投资更是远水解不了近渴，无法为中小微企业提供有效需求。以消费券和现金补贴的方式提高民众的收入，诱导民众增加消费支出，是提升全社会有效需求最为直接的办法。

欧美国家的大规模货币放水后患无穷。从理论上讲，央行发出的货币可以通过公开市场上的逆操作（即卖出央行手中的各类债券）进行回收。但在现实中，央行几乎不可能通过这样的方式缩表，因为缩表会减少流动性，而市场已经习惯于在宽松的环境下运行，会极力反对缩表。2020年美国股市大跌之后，美联储采取了一系列的措施，总计为市场提供了高达6万亿美元的流动性，而它自己也通过公开市场操作再次扩表1万多亿美元。

这么多的货币都到哪里去了？其一是支持美国政府发行更多的国债。流动性增加降低了利率，降低了美国政府发债的成本。国债以未来税收作为抵押物，向来被认为是最安全的资产，因而总能在市场上找到买家。

其二是进入美国的股市和公司债市，维持整个金融体系的虚假繁荣。奥巴马和特朗普两届政府都想促使美国制造业回流，但都是雷声大雨点小，最为重要的原因在于华尔街的投资者对制造业没有兴趣，而更乐于把资金投入高回报的金融投机领域。

其三是满足其他国家资金的避险需求。由于美国金融市场非常深厚，当世界经济进入动荡期时，外部资金总在第一时间流向美国，此时就需要更多美元满足这些资金的兑换需求。

短期内，泛滥的美元产生两个效果。在国际上，美国从全世界获益，用其他国家的储蓄增加本国人的消费；在国内，华尔街对美国的财富和收入进行大规模的隐性逆向再分配，让那些资产持有者更加富裕，而没有资产的穷人变得相对更加贫穷。华尔街的繁荣是无根基的虚假繁荣。美国股市的暴跌虽然有油价下跌的因素在里面，但根本性动因来自市场的自我矫正过程。美联储的救市措施中断了这个过程，不仅于事无补，而且可能造成更大的股市泡沫。

在长期，泛滥的美元不仅增加美国政府对民众的负债，而且增加美国对全世界的负债。美国民众人均负担的联邦政府债务已经超过7万美元，而且还在增加，这其中很大一部分是欠外国人或外国政府的。"欠债还钱"是天经地义的事情。美国现在还可以发更多的美元来冲销债务，但总有一天这个游戏会无法玩下去。到那时，美国就必须用实实在在的资产来还债。

由此反观我国，就更能看清楚我国政府采取审慎的财政政策和货币政策的必要性和正确性。通过保民生和保就业的措施提高消费需求，是疫情之后恢复经济的最佳方法；我国没有必要跟随欧美国家采取大规模的财政和货币刺激计划。

中国式创新，可对德国和美国模式兼收并蓄[①]

实际上，整个中国经济现在处在非常低速运作的状况。下一步，一定是要走向创新，那怎么去创新？

我们现在面临着两方面的压力。一方面是要到国外去干。现在到国外的人越来越多，包括我们的企业家都意识到了我们应该到硅谷去、到德国去，看看他们是怎么创新的。带回来的消息其实对我们都是巨大的冲击，因为那些地方都在发生颠覆性的科技创新，反观来看中国倒没有那么快，我们感觉到来自世界的压力。另一方面是国内百度、阿里及腾讯三大互联网企业，使得我们觉得企业不触网、不搞点互联网就没法生存下去，有一种互联网焦虑。我首先要说的是，这些焦虑在某种程度上是我们比较的尺度出问题了。如果按照世界进步的速度来看，中国的速度绝对是快的，即使今天我们的速度降下来了，仍然是快的。

中国创新的优势是别的国家不可比拟的，主要有三个方面。

第一方面的优势是我们的老百姓非常勤劳、非常聪明。在美国、欧洲，绝对不可能有人在周末开会。我在柏林住过一段时间，周末街上全是空的，特别是星期天没有几家商店开门。我们的人民勤劳又聪

[①] 本文为姚洋教授2016年在苏州一场论坛上的演讲。

明，还有非常强烈的企业家精神，特别是在江浙一带，历史上就有很强烈的企业家冲动，到今天仍然如此。

第二方面的优势是我们有海量的资金。10年前我们还在担心资金不够，今天我们要担心的问题正好反过来，是资金太多、项目太少了。近15年来，中国的储蓄已经占到全世界储蓄存量的40%，光居民储蓄就接近一年的GDP。我们的居民储蓄将近50万亿元，GDP是60多万亿元。因此，中国的资金非常多。在换挡期间，我们可以把资金转换出去。

第三方面的优势就是不断改善的软硬件环境。我们的软件环境在改善，我们的硬件环境绝对是世界一流的。

有了这些，我觉得中国不可能没有创新。

怎么去创新？我们可以比较一下两个国家，这两个国家也是非常有代表性的，它们的经验对我们国家选择创新的道路是非常有帮助的。

首先看美国模式。美国的多数创新都是颠覆性的，一个创新出来，其他相似的行业都会被颠覆。美国的这种创新与其文化高度相关，因为美国文化是高度个人化的，就是崇尚个人主义、赢者通吃。在美国禁枪极其困难就是因为美国人认为持枪是个人的自由，这就是赢者通吃的社会。

这样的好处是整个社会充斥着牛仔精神，这在某种意义上也可以说是一种能量。我的导师就曾举过这样一个例子。他原来教书的学校很差，有一个学生非常笨，但老师每次都鼓励他，说："You can do it！"（你可以做到！）——鼓励他，这就是美国的文化，传播正能量，鼓励创新，尤其是鼓励"从0到1"的创新。

当然，美国这种创新文化也有问题，会自己制造周期，使经济起伏非常大。创新高涨时，整个经济跑得快，反之则慢。

20世纪90年代互联网兴起时，美国的经济增长率可以达到4%甚至5%。但是当这一波创新完成之后，美国就一下子进入衰退，制度也变得极其残酷。比如在美国的医药公司，一个小组就研发一种药，成功了大家接着干，失败了则整个小组都裁掉。

德国的创新是"从1到N"的创新，是研发中间技术，知道跟美国拼"从0到1"拼不过，就集中发展中间技术，一些机器、设备、制造业等中间部分，牢牢地掌握在德国手中。德国不去研发互联网，而是主攻"工业4.0"，对美国的互联网采用拿来主义，为我所用，而不是再创造互联网与美国竞争。

德国人的这种创新倾向也与其文化相关。德国人崇尚所谓的秩序自由主义，也崇尚自由，每个人都要自由。但德国人的自由要以秩序为前提，失去了秩序，自由是不允许的。所以，德国人有非常强烈的团队精神和秩序感。美国企业的工会主席和董事长完全是对立的，但德国大众汽车的董事长和工会主席可以坐在一张台子上看足球比赛，这是一种团队精神。

德国人还非常脚踏实地，从一些小事做起，重视人才培养，重视很微小的改进。它的优势就是起伏很小，小步快跑，在自己的领域里一步一个脚印地往上走。

以德国默克公司为例。默克既是医药公司，又是化学品公司，最重要的产品是LED（发光二极管）。默克早在20世纪初就已经买来LED技术的专利，几十年也不知道怎么用。到20世纪70年代日本人用LED屏做电子玩具，德国才发现LED的用处。于是，默克开始大规模生产LED，尤其是后来发现其可以做电视屏幕。

但默克公司牢牢守住一个原则：只生产LED，不生产电视屏幕。结果它在世界LED市场上占有70%的份额。下一步技术是什么呢？是OLED（有机发光二极管），据说可以做得超薄，可以把屏幕做成任何形状、可弯曲。现在OLED的电视已经出来，这意味着LED的市场空间依然很大，默克还可以继续走下去，不会轻易面临从0到1的颠覆问题。

那中国应该选择什么样的创新道路呢？

我们老说中国文化是集体主义文化，我们习惯于服从领导、听老师的话，从小就被教育在学校必须听老师的，在家里要听家长的。但是和日本人比，中国的集体主义可能还不够。

我曾和一个日本朋友讨论个体主义与集体主义的问题，日本朋友说："你们中国文化完全是个体主义的。"我问："为什么呢？"他说："在日本踢足球特别讲究团队精神，都要配合互相传球。但我在北大踢球没有一个同学传给我，都要自己往门里头带。你们就是典型的个人主义。"

这位日本朋友说的有一定道理。的的确确，任正非、马化腾等很多企业家是能得到中国人崇拜的，这跟欧洲不一样。欧洲很少有人去崇拜企业家，这是中国个人主义文化的一个面向。所以据我观察，我们是既有强烈的个人主义，也有强烈的集体主义。

这就给我们一个启示，我们能不能把德国模式和美国模式结合起来呢？

我们回顾一下历史。计划经济的30年我们是在学德国模式，因为我们早期的工业体系、学术来自日本，日本又是学的德国。后期我们搞计划经济，学苏联。苏联的这套东西也源自德国。所以，大家可以回想一下，我们计划经济时代的制度很大程度上源于德国。

改革开放之后，我们把德国的这些东西全给扔掉了，开始一门心思学美国，彻头彻尾地学美国。经过这30年的学习，我们应该停下脚步好好思考一下：中国到底该怎么样？

我觉得中国足够大，中国人的心胸足够宽广，地域差距又足够大，我们应该可以既学美国又学德国。可以做颠覆性的创新，像BAT一样。任正非已经变得孤独，因为他已经带领华为进入无人区，没有简单的对象可以模仿和学习，不知道下一步的路在哪儿，只能尝试进行颠覆性创新，这是这类企业的责任。对于我们绝大多数企业来说，恐怕还是要向德国学习，做一些连续性的东西，就是从1到N的不断改进，牢牢地占领中间技术。

我听说苏州的定位其实也是这两个：一是要加大从0到1的源创新，另一个是要在先进设备制造业方面占领世界的高地。这和我所说的颠覆性创新和改善性创新相结合是一致的。

中国经济如何破解"日本综合征"[1]

全球股市在过去的一周里经历了过山车般的巨幅波动。多数市场人士认为，这次波动是暂时的，不至于导致一次新的金融危机。然而，这次巨幅波动中的中国因素不可忽视。

在国外，一个普遍的疑问是：此次波动是不是表明中国开始重复日本自20世纪70年代初以来所走过的路？日本经济增长的黄金时代是在1973年石油危机之前。在1951—1973年的22年间，日本经济增长速度平均达到8.8%。但自此以后，日本经济增长出现了两次断崖式减速。第一次发生在石油危机之后。1974年，日本经济总量下降4%。此后10年间，年均增长率只有2.1%。第二次发生在1993年房地产泡沫破裂之后。从那时起到现在的22年间，以日元计算，日本的经济总量几乎没有任何增长。

日本的经历被形象地总结为"日本综合征"，其症状是：前期的高速经济增长得益于出口导向的发展模式和丰富的廉价劳动力，一旦世界需求下降、廉价劳动力消耗殆尽，经济增长就大幅度减速，国内物价水平下降。

"日本综合征"不仅发生在日本，也发生在东亚其他经历过高速

---

[1] 本文写作于2015年。

增长的经济体。

中国采取的发展模式和日本早期类似，但中国人口的老化速度超过日本，此次全球金融危机的影响也远超1973年石油危机的影响。所以，担心中国重蹈日本的覆辙，并重演"日本综合征"并非没有道理。

诚然，我国仍然可以通过放松计划生育政策增加出生人口，通过提高劳动力的教育水平和技能、推迟退休年龄等措施缓解劳动力数量下降的负面作用，也可以加大创新力度，给经济注入新的活力。然而，这些举措不可能在根本上改变我国经济增长模式转型和人口老化所带来的负面影响。按照可比价格计算，我国目前的人均收入和教育水平均相当于日本1970年的水平。在后续20年里，日本教育水平不断提高，科技创新也达到顶峰，但这并没有阻止日本经济增长速度的下滑。所以，我国也不能把过多的希望寄托在教育水平和科技创新方面。

然而，我们具有一个日本无法企及的优势，那就是中国是一个人口和地理大国。无论是从人口还是从幅员来看，中国都相当于整个欧洲。幅员辽阔的一个后果是发展水平差异极大。比如，在人均GDP方面，最高的天津是最低的贵州的4倍（2014年数据）；在收入分配方面，10%人口的高收入占了全部收入的35%，而近1/3的人收入没有达到每天2美元的水平（2012年数据）。这么巨大的差距本身也说明，中国经济仍然存在巨大的增长潜力。

欧洲一体化进程为我国提供了一个很好的启示。25年前，东欧国家收入水平属于世界中游，东欧剧变之后更是出现倒退。然而，自打加入欧盟之后，东欧国家的生产和生活水平提升非常快，多数国家已经跻身高收入国家行列。这是经济学的增长收敛理论起作用的一个典型例子。收敛理论认为，在实施相同的经济政策的条件下，低收入国家比高收入国家增长更快。

因此，我们有理由保持对中国经济增长的信心。沿海省份的增长速度在放缓，但只要内陆向沿海学习，它们的增长速度就可能提升上来。在国家层面，我国急需制订一个"内陆腾飞"计划，促进中西部地区的产业发展和城市化进程，力争让中西部地区在二十年内基本赶上东部沿海地区的收入水平。这要求中西部地区的年均增长速度超过东部地区3~4个百分点。由此，即使沿海省份的增长速度下降到5%~6%的区间，全国的增长速度也可以在7%左右保持一段时间。

越南不可能成为替代中国的Plan B[①]

比起供应链断裂，中国更应担心高科技企业受钳制

世界经济仍未适应新冠肺炎疫情带来的冲击，因为它现在还在低谷期，还面临着怎么恢复的问题。所有国家现在都面临同样的问题，大家都在摸索，中国也在摸索。我想这种状态还要持续一段时间，情况有所好转肯定要到下半年。

疫情反弹的可能性肯定是存在的。如果到了下半年再次出现疫情，全球经济肯定是一次"W形"的衰退。至于会不会发生金融危机要看各国怎么应对。经历了第一次危机，积累了经验，那么在应对第二次危机的时候肯定会更加得心应手一些，所以短期内发生金融危机的可能性不是很大。

我认为所谓的"逆全球化"主要发生在美国，其他地方并没有呈现"逆全球化"的趋势。在2008年金融危机结束之后，全球化就已经开始在调整了。这次疫情使中国的一些产业链中断，但我认为这并不是一个长期的现象。等疫情过去，这些供应链又会恢复。

我们要担心的是美国对我们的高科技企业的钳制。对于这一点，

[①] 本文写作于2020年6月。

我们要想好应对办法。

特朗普说让制造业重回美国只是他个人的想法，他没有能力去指挥美国企业。如果他做得太过分，美国的企业会联合起来反抗。考虑美国的态度，不能只看特朗普一个人。特朗普的所作所为都还在现有的法律框架下，如果他要去突破现有的法律框架，他的处境会非常困难。所以，我们一定要搞清楚哪些是他在现在的法律框架下能做的，哪些是他必须得突破法律框架才能做的。

要想通过提供资金或者立法的方式让企业重回美国必须经过国会的同意。但国会未必会同意，美国企业的游说能力也非常强，它们也可能不同意。

不会形成一个以中国为中心的全球价值链

越南不可能会成为替代中国的 Plan B（B 计划）。越南的人口不到中国的 1/10，出口量是中国出口量的零头。2019 年中国出口额近 2.5 万亿美元，越南只有 2500 亿美元，就算其出口增长 50%，对中国的冲击也就是几个百分点。所以，它不可能替代中国。没有一个国家可以替代中国，因为我们的经济规模太大了。

疫情之后，全球也不会逐渐形成一个以中国为中心的价值链。没有所谓的围绕着哪一个国家打造价值链的现象，过去没有，以后也不会出现。有人说中国是世界的工厂，是因为中国是世界的组装厂，但是不能说以中国为中心打造价值链。价值链都是分散的，是网格状的，没有中心，以后也不会完全以中国为中心。当然，中国所占的分量会增加这一点是没错的。

如果纯粹从货物流数量上来说，可以说是以中国为中心。但是如果看研发情况，那就不是以中国为中心，而是多中心的。目前最大的研发中心还在硅谷，日本、韩国、欧洲也都有研发中心。当然，现在深圳、杭州也兴起了。所以，价值链呈现多中心的网格状，这种情况不会改变。

全球化会不会转变为区域化、本地化？因为现在每一个产品都是世界制造，企业并没有动力只集中在某一个区域里采购产品。当然，有些区域内的联系会增加，比如中国和东盟的关系会越来越深入，同欧盟之间的关系也很深入。但是，这并不妨碍欧盟国家和其他地方的企业发生合作关系。如果按照单个国家来计算，德国最大的贸易伙伴其实是中国。

所以，我认为不能笼统地说全球呈现出区域化、本地化的趋势。全球还是多中心的网格状态，只是有些地方的网密一些，有些地方的网疏一些。全球化会做一些调整，某些地方的网的密度会改变，但是完全变成两张网的可能性不大。

疫情冲击导致需求下降，因为缺乏生产动力，供给也随之下降。中国目前因为消费不足经济低迷。中国的企业虽然目前可以开工，但是缺乏订单，这完全受制于需求。面对今年的世界贸易环境，中国不管实行什么进出口政策，其实用处都不大。例如中国实行出口退税的政策，但因为没有需求，这个办法基本没用。所以，这次政府工作报告中基本上没提出口，主要提了开放。现在的情况不像以前世界的需求还在增长的时候，有了鼓励性的措施，出口就会多一些。所以，在这种情况下，外贸企业只能看看能不能在国内找到需求或者把部分产能搬到国外去。

中国能直接复制新加坡的体制吗？[1]

自 2012 年十八大召开之后，我们对改革的期望都非常高。从这次公布的整个决议来看，很多改革是我们预料之中的。比如说二孩政策，这会影响大概 1000 万个家庭。户口制度可能影响 1 亿~2 亿人，这是改变中国未来经济和社会格局的政策。

这次决议有三点超出了预期。

第一是在党内设置改革领导小组。以前改革是国务院的任务，现在变成党的任务，这一点是极其重要的。

第二是设定了改革时间表。通常我们不设时间表，这一次是明确说到 2020 年要完成所有改革。这等于是政府自己把自己的手脚绑起来了，如果到时候改革没有实现是可以问责的。

第三是强调市场的决定性作用，这也是一个很大的变化。如果说我们能把公报里提到的改革都实施，到 2020 年中国会实现实实在在的市场经济。

还有一些是决议中没有提到的。

---

[1] 本文为姚洋教授 2013 年 11 月在朗润·格政"解读十八届三中全会的改革政策"上的演讲。

中国政府目前的问题

第一是审批过度。现在的审批太多，就好比一个老太太提了一篮子鸡蛋，里面有 100 个，可能有 1 个鸡蛋是坏的，（政府）就要求老太太把 100 个鸡蛋都拿出来看一遍，费时费工。这样老太太可能就不来这儿卖鸡蛋了，就选择到路边去卖了。这也是为什么中国需要城管来管理这些路边经营。这个例子反映出一个问题：过度的审批对经济的伤害巨大。

第二是政府特别爱挑选胜者，什么都是自己动手。比如说，科技部的资金很多，它会用这些资金去社会上挑选胜者，去决定哪些企业可以获得资金。现在还好一点，私人企业、外资企业都可以申请。但是这些资金到底用得好不好，没有人追究。

为什么政府挑选胜者最后会失败？这其中的问题其实不难解释。在过去的二三十年间，我们能记住的是比尔·盖茨和乔布斯的创业历程。20世纪七八十年代，美国有很多潜在的"比尔·盖茨"，他们也像盖茨一样在父亲的车库里做着同样的事情，但99%的人都失败了。不过，这少数的成功和多数的失败创造了市场淘汰机制，创造了一个比尔·盖茨。这是符合规律的，因为高科技的成功率就是 1%，甚至比 1% 还低。政府去挑选，无论如何也挑不出这 1%。

第三是地方政府的作用巨大，这会造成很大的问题。比如说重复建设、过度投资、环境问题等等，这其实都跟地方政府有关，造成整个经济的"肠梗阻"。

归根到底，政府主导经济的最大问题就是信息问题。哪怕所有的政府官员都为民做主，也相信绝大多数的官员是好人，依然有一个问题：再好的人、再聪明的人也不能掌握13.4亿人想干什么，不可能知道近千万家企业想干什么。

20世纪30年代的时候发生过有关社会主义的大讨论，结果以哈耶克为代表的自由主义失败了。（但如今看，哈耶克的观点却是有道理的。）哈耶克的观点是政府永远没办法解决信息问题，政府不可能知道老百姓需要什么、老百姓该生产什么。政府的作用应该具有阶段性，比如说古代社会劳工分工简单，大家都是农民，政府作为独裁者，只需要提供军事、水利、救灾等职能就可以了，其他方面任由老百姓自生自灭。但现代社会不一样，中国已经进入了中上收入国家行列，要建立一个创新式的国家，需要一个开放的体制。让政府去挑选胜者的做法再持续下去，是很难完成社会发展的。

十八届三中全会在单纯经济方面设想的改革已经足够了，比如说明确减少审批，凡是企业投资只要不涉及国家经济命脉、大型能源交通项目的，一律都让企业自己做。以前发改委的审批是有等级的，3000万元以上的所有投资必须审批，现在都不用了。减少审批、开放市场、设立负面清单，除了负面清单上列的行业，民间资本都可以做。金融领域表现得更加明显，比如允许民营资本进入银行体系开设中小银行。

今后的改革方向

今后还需要改进什么？这就是全会报告没有说得太清楚的，就是如何约束政府。虽然三中全会决定中有很多要加强人代会的表述，但没有像其他改革那样细。一个创新型社会，一个完备的市场经济是需要一定的政治机制和经济民主来配合的。所谓经济民主，不是让老百姓都去参与经济管理，也不是让所有的工人都参与企业管理，而是要有一种开放的体制。把资源放到社会中，让社会来配置资源，而不是让政府配置资源。

大家可能会说，新加坡模式不是挺好吗？新加坡很成功，建立了一个非常高效廉洁的政府，什么都做得很好，市场经济也搞得非常好，中国是不是可以复制这样一个体制？我觉得没有这种可能性。

新加坡有多大？新加坡的人口和面积都比不上北京海淀区，海淀区的人口显然超过500万，而新加坡人口也就500万。用新加坡的模式来做中国，注定是要失败的。造成的结果将是什么？中国的政府将变成一个救火队，不能容忍一点点小的冲突或者社会的不稳定，其最终结果就是这个政府永远无限责任，责任过大。中国的领导人的确非常忙，所有地方官员也都非常忙，就是因为责任无限大，哪儿出事了都必须有作为。当政府责任无限大的时候，社会的活力也就下降了，政府无处不在地要管理这些事情。

这一次三中全会注定要像十一届三中全会那样在中国历史上留下一笔，它开创了一个新的时代，这也是毋庸置疑的。但十一届三中全会没有解决中国所有问题，这一次也肯定还会有些问题没有解决，还需要我们继续努力。

中国经济学的世界贡献[①]

我国经济发展和改革开放的伟大实践为中国经济学提供了丰富的研究素材，推动了中国经济学创新发展，也催生了具有世界影响的中国经济理论。

突破经济学一价定律，促进了从计划经济向市场经济平稳转型

改革开放之初，我国经济面临的最大问题是如何实现从计划经济体制向社会主义市场经济体制转型。这一转型无先例可循、无理论可依。一批中青年经济学者创造性地提出了渐进式改革的理论和方案，对我国经济体制转型起到了推动作用。早在1980年，就有经济学者敏锐地意识到，计划经济的一大弊端是各部门之间的比例失调，盲目放开价格会导致经济的混乱和恶性通货膨胀，因而应实行价格改革的双轨制方案，国家对供应严重短缺的部门继续管控价格，对供求关系相对宽松的部门放开价格。10年后，苏联和东欧国家在经济转型过程中采取所谓"休克疗法"，导致了恶性通货膨胀和生产大幅度下降，

---

① 本文写作于2017年，首发于《人民日报》。

从反面印证了中国经济学者观点的正确性。1984年9月召开的莫干山会议，把价格双轨制推向了一个新的理论高度。莫干山会议是当时青年经济学者的群英会，会议的最重要成果是产生了新的价格双轨制方案，并提出了相应的制度设计。与按产品划分的双轨制不同，价格双轨制是一物二价，一件产品既有计划价又有市场价，计划价适用于计划内的产量，市场价适用于超计划的产量，优点是能够鼓励企业进行适应市场需求的生产。1984年10月，党的十二届三中全会通过《中共中央关于经济体制改革的决定》，采纳了价格双轨制的建议。

价格双轨制是对经济学一价定律的重大突破。以1994年汇率双轨制的并轨为结束标志，价格双轨制实行了10年，为中国经济体制的平稳转型做出了重大贡献，也为其他经济体制转型国家提供了宝贵经验。

创新组织理论，有效解释了国有企业改制成功的原因

进入20世纪90年代之后，国有企业改制被提上议事日程。与价格改革必须在全国范围统一推行不同，国有企业改制可以通过地方试验逐步完成。邓小平同志发表南方谈话之后，广东和山东一些地方率先开始国企改制。到20世纪90年代中期，经过缜密的调研，国务院出台"抓大放小"政策，国企改制全面铺开。在这个过程中，我国花大力气解决了几千万国企下岗职工的再就业和社保问题，保证了改制的顺利进行。经济学者们一致认为，中国国企改制取得了世界范围内

少有的成就，原因在于采取了渐进和地方试验的方式。那么，为什么中国采用渐进和地方试验的方式能够取得巨大成功？为什么同样进行经济体制转型的国家，选择的策略和路径差异巨大？这是世界经济学界都很关注的问题。为解释这一问题，中国经济学者对 M 型和 U 型组织进行了比较研究，提出了 M 型组织和 U 型组织理论。用通俗的语言来讲，M 型组织就是以"块块"为主的组织，类似公司里的事业部；U 型组织就是以"条条"为主的组织，类似公司里的职能部门。前者更注重"块块"功能的完整性，容易进行小规模的试验；后者更注重垂直管理，任何改革都涉及整个体系的调整。即使在计划经济时期，中国也非常注意发挥地方的积极性，因而中国的计划经济体制具有较强的 M 型组织特征，适合采取地方试验的改革方式；苏联的计划经济体制则非常僵化，具有很强的 U 型组织特征，不适合采用地方试验的方式进行改革，而且改革成本更高。这一理论不仅解释了中国渐进式改革成功的原因，而且解决了转轨经济学的一个重要研究命题，同时也为组织理论创新做出了贡献。

我国是采用单一制国家结构形式的大国，如何在单一制下调动地方的积极性，一直是党和政府面临的执政难题之一。1978 年之后，我国开始实行地方财政包干制度，降低了企业的税负成本，同时也显著调动了地方的积极性，为 20 世纪 80 年代沿海地区的经济起飞奠定了坚实基础。但是，财政包干也造成了很多问题，其中最突出的是税收纪律松弛，中央财力大幅度下降。1994 年开始实行的分税制改革扭转了这个局面，同时也把给予地方政府一定的税收权力和支出责任制度化。在单一制国家实行高度的财政分权，这是我国的一大创举。这个制度安排充分发挥了中央和地方两个积极性，同时也刺激了中国经济学研究。中国经济学者的研究表明，财政分权有利于调动地方发展经济的积极性，中央统一领导则为地方官员引领方向，能够降低地方的机会主义倾向。中国经济学者还发现，中国财政分权的成功归因于坚持中央统一领导。这一研究成果得到了国际学术界的认可。许多国家都尝试过用财政分权调动地方积极性，但最终结果大都不尽如人意，原因就在于缺乏强有力的执政党和中央政府。

创建比较优势发展战略理论，找到提高国家竞争力的正确路径

我国20世纪80年代和90年代的改革完成了从计划经济体制向社会主义市场经济体制的转型，加入世界贸易组织则让中国融入世界经济体系，为中国经济腾飞插上了翅膀，助推中国经济体量在短时间内跃居世界第二。为什么中国经济能够创造连续30多年高速发展的奇迹？为了回答这个问题，中国经济学者提出了比较优势发展战略理论。比较优势理论已经存在200年，但以前只是一个贸易理论。中国学者把这个理论扩展到解释一个国家的整体经济发展，提出一个国家应该利用本国的要素禀赋优势，发展具有比较优势的产业。就我国而言，劳动力在很长时间里是最丰富的生产要素，因而，发挥劳动力优势、发展劳动密集型产业就是顺理成章的。这一理论和政策建议得到

许多发展中国家的认同。

当然，强调比较优势战略对中国经济增长的贡献，并非否定计划经济时代所取得的成就。国际发展经济学界的一个共识是，以比较优势为基础的出口导向发展模式并没有在所有国家取得成功，那些成功经济体的共性是，它们在采取这个模式之前就已经拥有了较高的人力资本水平和工业基础。这恰恰是我国计划经济时代完成的任务。将我国和同时期的印度进行比较很容易发现，我国的优势在于基础教育的普及、人口健康状况的改善以及工业基础的建立。在工业方面，尽管计划经济时期的重工业优先发展战略导致国民经济比例失衡，但快速的资本积累也大大加速了我国的工业化进程，为改革开放之后的经济腾飞打下了坚实基础。

探索"中国模式"，揭示中国经济成功背后的制度原因

进入新世纪，中国经济学的教学和研究在专业化和规范化方面取得了长足进步，和国外先进水平的差距大大缩小。2008年国际金融危机爆发后，中国经济一枝独秀，国际学术界的注意力转移到"中国模式"的讨论上来，其中一个重要问题是：中国经济的成功是否与中国体制有关？中国经济学者的研究表明，制度是实现特定目标的有效手段，根据生产力发展要求不断深化改革、不断完善体制机制，是中国经济成功的奥秘所在。在经济体制转型过程中，中国的很多制度具有开创性，比如价格双轨制，又如在20世纪八九十年代对经济增

长和转型起到重要作用的乡镇企业（这些企业不仅没有建立现代企业制度，而且有意模糊产权归属）。这些具有过渡性特征的制度，都是在当时条件下有效、管用的制度。当社会主义市场经济体制初步建立后，中国制度的科学性表现得更加充分。比如，公有制为主体、多种所有制经济共同发展的基本经济制度，既坚持了社会主义方向，又有利于公有制经济和非公有制经济各展所长、相互促进、相得益彰。又如，把处理好政府和市场关系作为经济体制改革的核心问题，使市场在资源配置中起决定性作用和更好发挥政府作用，使社会主义市场经济体制的优势不断增强。中国经济学者还敏锐地注意到，相比于其他国家，中国拥有独特的官员选拔制度。党不仅为国家制定大政方针，而且担负起培养和选拔官员的责任。这一制度的优势在于，官员在接受组织培养和选拔的过程中，可以积累大量的执政经验。而且，相比于西方，中国官员更加具有战略眼光和长远眼光。西方经济学者和政治学者的普遍认识是，只要对政府官员的约束到位了，他们就会为社会服务。换言之，他们希冀给政府官员施加的只是被动约束。中国的选拔制突破了这个认识。在约束官员的同时，选拔制也给予官员正面激励，那些能够创造性地执行党的路线方针政策、提高民众福利水平的官员更容易获得升迁。正面激励也鼓励官员更加努力地为党和人民工作。笔者和合作者利用城市层面官员的数据所做的研究表明，市级官员对地方经济增长起到了显著作用，改革开放以来中国经济的快速增长得益于选拔制为政府官员提供的正面激励。

目前，关于中国选拔制的研究方兴未艾，这个领域的研究具有学术和实践的双重价值。在学术层面，它促使经济学界和政治学界的学者重新思考国家治理理论。国家治理的目标之一是实现良治，而高效的决策机制和社会福利的提高是良治的重要标志。当代世界的实践表明，西方民主制度并不能保证良治。在美国，民主制度日益沦为否决政治，治理低效问题越来越明显；在欧洲，民粹主义泛滥，极大地限制了政府对长远利益的追求；在许多发展中国家，民主制度退化成简单的一人一票制度，政治动荡成为常态。在反对封建专制的历史上，西方民主制度无疑具有进步意义，但并没有终结人类社会对优良政体的追求。在这方面，学者的探索和研究至关重要，中国的实践则提供了极佳的素材。中国的实践对其他国家具有借鉴意义。各国的制度不尽相同，中国也一贯主张各国选择符合自己国情的制度模式。中国的实践可以成为其他国家特别是发展中国家的一面镜子，帮助它们取长补短，改进治理方式。

在过去近40年的时间里，中国经济学不断地从中国改革开放和经济发展实践中汲取养料，贡献了影响世界学术界的研究成果。一些理论成果在引领和指导中国改革实践方面发挥了重要作用，这在20世纪80年代尤为突出。那个时代的经济学者对现实具有浓厚的兴趣，学术界和政策界互动频繁。对那个时代的经济学者来说，学术是经世济民的手段，而不是最终目的。今天的中国和20世纪80年代相比有了很大不同，社会分工越来越明确，学者们的研究越来越精细，学术质量不断提高，但很多学术研究离现实越来越远。对于中国经济学界来说，学术研究脱离现实是一个巨大的危险，不仅无益于中国的改革发展实践，也无益于提高中国经济学在国际学术界的地位。今天的经济学者应深刻认识到，中国发展进步的脚步没有停止，改革开放还在路上，中国的实践仍然是学术研究的一座富矿。只有深入总结中国的实践经验，才能产生有深度、有价值、有世界影响的理论，在更好指导中国经济实践的同时，把中国打造成为与经济大国地位相称的经济思想大国和经济理论大国。

第二部分

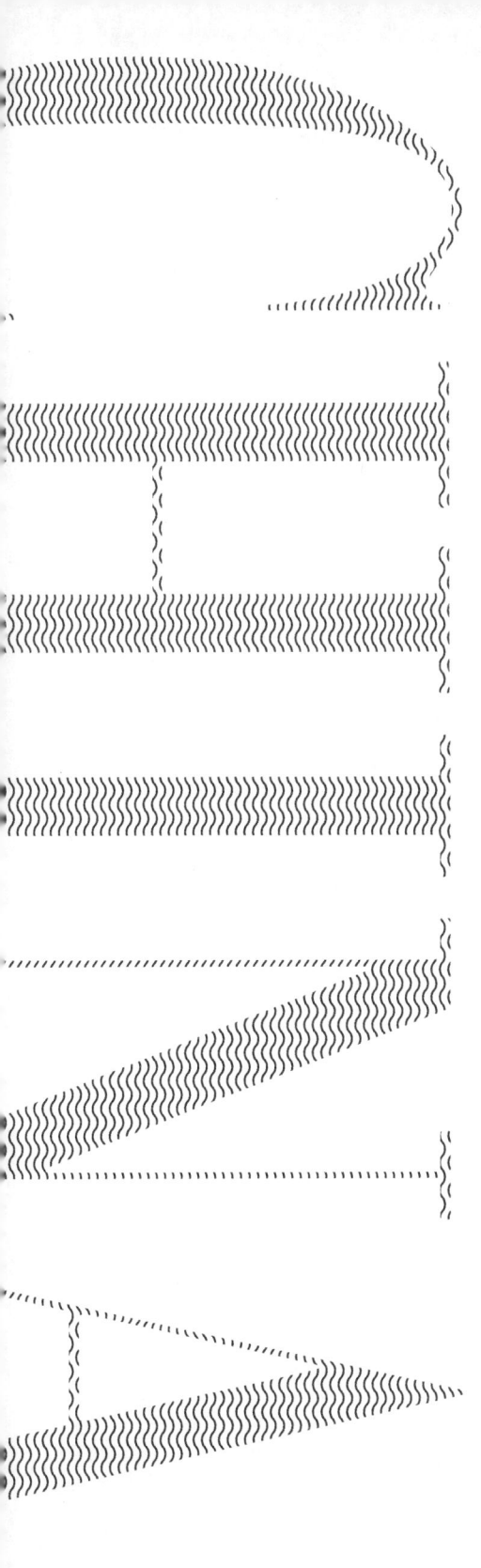

读懂中国经济的关键转型

以上原因综合作用，中国新的景气周期就要到来。

从 2021 年的经济形势来看，中国恢复得非常好。经济一季度同比增长 18.3%；与 2019 年同期相比，2020 年全年加上 2021 年一季度，相当于这 5 个季度的平均增长达到 5%。通常我们估计中国的潜在经济增长率是 5.5%~6% 之间，现在稍差一点点，这也意味着 2022 年的增长还有潜力。

2021 年一季度经济实现增长的很重要原因是外贸的井喷式恢复。一季度出口同比增长 38.7%，进口同比增长 19.3%。美国对中国的出口是井喷式恢复，中国对美国的出口增长了 60%。

2020 年此时，很多人谈中美要脱钩，世界要去中国化，我当时就认为这个判断过早。因为作为经济学家，我们看的是长期趋势，不会被非理性的短期因素所左右。我们要看规律性的东西，世界分工的内在逻辑没有改变，中国经济的韧性没有改变。事实证明，我们这些比较理性的经济学家的判断是对的。

2021 年随着海外经济的复苏，以及美国可能达到的 6%~7% 的经济增长，它们对中国产品的需求会上升，中国的出口将继续保持较高增速，反过来中国对美国产品的需求也会增长。

我国投资恢复落后于出口。根据总固定资产投资 2019—2021 年的情况，目前除了房地产，其他领域还没有恢复到 2019 年的水平。2020 年的恢复情况，1/3 以上都要归功于房地产，房地产的投资比较多。2021 年进入 3 月之后，基建和制造业有所恢复，期待下一个季度其能继续恢复。

消费仍然是短板。尽管2021年一季度商品零售和餐饮业等恢复情况良好，但是仍然没有到2019年同期水平，餐饮业和2019年相比仍是负增长。2021年五一黄金周的人流比2019年增长了3%，但消费支出只有2019年的77%，这说明人们的消费信心还远远没有恢复。消费信心没有恢复很重要的原因是低收入人群的收入增长没有恢复。数据显示，低收入人群的收入增长较为缓慢，低于全国平均水平。国发院张丹丹的调查发现，尽管就业已经恢复，大家都找到了工作，但是找到的不是以前那么好的工作。这也导致很多老百姓对未来缺乏信心，所以他们的消费没有上去。我认为，这种状况随着整个经济的恢复会有所改善。

判断短期宏观经济，我主要看PPI。因为中国的CPI（消费者物价指数）不是很准，也滞后。企业一旦发现需求旺盛了，马上就会涨价，反应非常快。消费品要涨价会困难一些，因为价格成本本来就已经很高，但上游企业涨价相对容易。2021年PPI开始转正，这是一个很好的现象。当然有些下游面向终端用户的中小企业吃不消，原材料涨价会分侵它们的利润，除非它们也有涨价的能力。事实上对于企业而言，都喜欢涨价，因为价格下降，就没有企业愿意生产。比较温和的通货膨胀是企业愿意看到的。过去历次经济周期，先行的基本上都是PPI，这是更加准确的指标。

与美国的对比预测

如果上述判断正确，就可以对中美进行对比。2010年，中国的

GDP 不到美国的 40%，10 年之后的 2020 年达到了美国的 71%。未来 10 年，中国经济对美国的追赶还会比较快。

疫情这一年造成的差距不可小看，我国抗疫以短痛换来长期的平安。这其中有一个很重要的结果：国内很多企业原本用国外进口的投入品，但国外企业受疫情影响生产不足，它们只好用国内的，用着用着就形成了习惯，不会再回去了。这样就会形成一种势能，使得中国企业进一步领先。

我前面有个判断，AI 技术和自动化是未来一段时间全球技术进步的主力，果真如此的话，这次中国一定是在风口浪尖上的引领者，这对中国而言是第一次。过去中国都是跟随者，但这一次是跟美国平起平坐的领导者。日本和欧洲在 AI 方面基本上已被甩在后面。

我预测美国在未来一段时间的平均增速是 2.2%，通胀率是 2%，对中国的预测有高、中、低三种。在这个预测中，中国的通货膨胀率以美元计价，所以有人民币兑美元升值的因素。如果中国的经济增速能按照高预测达到 6.5%，中国的 GDP 总量将在 2028 年远超美国；按照中预测 5.5% 的增速，2028 年也将超越美国；按低预测 4.5% 的增速，到 2030 年也能超过美国。换言之，如果中国的经济增长能够比美国快 3.3 个百分点，未来 10 年内中国就可以超越美国，成为世界第一大经济体。这是按汇率计算的，如果按购买力平价计算，中国早已经超过美国成为世界第一大经济体。

过去 10 年，我们追赶美国 30 个百分点，未来 10 年再追 30 个百分点，刚好跟它持平，这一可能性在我看来是比较大的。

"十四五"期间的重点政策

要进一步发展中国的经济，包括进一步拉近和美国的差距，从根本上都要依靠中国的发展。2021年是"十四五"规划和2035年远景目标纲要的开局之年，基于上述判断，我们看一下"十四五"期间的重点政策，其中蕴藏着哪些具体的增长动力。大家还要注意一点差别，我们以前的五年规划指导性的成分较大，但这次更强调落实。所以，大家要认真对待"十四五"规划。

"十四五"规划中和企业有关的重点政策主要有四个方面。

关键领域的技术自主

双循环是大家关注的热点，内循环是双循环的基础。内循环如何发展？最重要的就是关键领域的技术自主。其中核心有两点：

第一，要打造一批自主技术，包括一批"撒手锏"技术，甚至能对美国形成反制。

第二，国内生产供应体系要确保关键时刻的自我循环，以及极端情况下的经济正常运转。这两点同等重要。

这两点都源于美国对我们的封锁，在这种情况下我们必须搞自主技术，打造一个能够自己循环的环境，也就是要有底线思维，这将是未来一段时间里中国经济增长的主基调。

应对国际环境的变化是必要的，但也要当心掉入陷阱，以下三点需要警惕：

第一，进口替代和开放之间的关系。

"进口替代"这个词在改革开放之后的官方文件不再出现，现在又重新提起。改革开放之前的进口替代是关起门来搞，我个人认为还是有成功之处，否则也没有我们的今天。比如，国家坚持发展造船业，结果我们在"文革"期间造出了万吨巨轮。到了今天，80%的世界船舶吨位在中国制造。我们现在甚至能造出航空母舰、世界最先进的驱逐舰、两栖攻击舰等，和以前的积累分不开。

我国进口替代最大的成就发生在改革开放之后，我们虽然不提"进口替代"这个词，但通过开放搞了无数的进口替代，才有能力生产以前不能生产的很多东西。中国现在是世界上唯一一个拥有联合国产业目录中所有产业的国家。举例来说，国发院的一位校友生产玻尿酸做到了世界第一，我曾去山东参访的一家化学企业的全球占有率是30%左右，全世界内没有竞争对手。这都是开放的结果，因为这些技术其实都不是我们从0到1发明的，我们做的是从1到N，所以我们不要轻视从1到N。

我们也要追求从0到1，但切忌全民盲目追求。要清楚什么样的进口替代路径是最好的路径，以及哪些领域进口替代才是必要的路径。

第二，Plan A 和 Plan B 的关系。

Plan A（A计划）是正常情况下应该采用的，即依靠市场和开放进行创新；Plan B（B计划）则是极端情况下的备份。不能把备份当成正常方案执行，否则代价太大。我们过去的"三线建设"就是这样的错误，浪费巨大，最后没有多少产出。

第三，政府扶持的作用。

政府扶持很有必要，但应该扶持那些技术路线比较明确、市场比较成熟的技术创新。开发原创的新技术都有点像赌博，投入巨大，成功的概率却极低，政府去做这种性质的事显然不合适。而且，政府和国企往往容易陷入不计成本、不考虑利润，只关注规模的误区，结果是很多创新投入都打了水漂。所以，政府对创新的扶持应该是支持技术路线已经成熟的产业，有点像做锦上添花，而不是去雪中送炭，去直接帮助企业豪赌从0到1的突破。

城市化 2.0

除了技术进步，城市化仍然是我国未来的一个增长点。

我自己的计算是，城市化对经济增长的贡献平均在14%左右。而且城市化是低成本的，通过简单的结构转型，把人从农村迁移到城市，生产力水平就获得提高，再通过"1+1大于2"的集聚效应，以及城市作为创新主体的作用等，就能够推动经济的增长。

城市化对消费的贡献也很大。第七次全国人口普查的数据公布后，很多人担心老龄化会影响劳动力供给和消费，以为未富先老是个大问题。但在我看来，我们虽然要积极应对老龄化，但也没必要那么紧张。比如在消费方面，正因为我们未富先老，还有大批人要从农村迁移到城市，消费就不会降下来。我们在《中国2049：走向世界经济强国》那本书里做过测算，在未来一二十年里不用担心消费会成为中国经济增长的一个约束。所谓消费不足会影响中国经济增速的观念是错误的，长期而言，经济增长就靠两件事：资本积累和技术进步。

第七次全国人口普查显示我国现在的城市化率是64%，未来到2035年，城市化率将达到75%~80%，这意味着还有2亿人要进城。

我国城市化未来怎么发展？我称之为城市化2.0，趋势是人口梯度转移。

过去，我国城市化的特点是跨越式：内地人口大省输送劳动力到沿海地区，跨越了本地的三、四线城市，因为沿海地区需要劳动力。但现在进入梯度转移的时代：一个表现是人口的再集中，即人口从三、四线城市向一、二线城市集中，围绕中心城市形成城市网络；另一个表现是农村人口就地城市化，向主城区集中，农村和县城一体化。

人口集中是世界普遍规律。美国国土面积跟中国差不多，但是人口只有3亿多，基本上集中在四个地区：东部沿海、西部沿海、五大湖地区、佛罗里达地区。日本这么小的国土面积，人口照样集中，东京-名古屋-大阪一线集中了60%以上的人口，并且还在不断集中。

"十四五"规划中用了"城市化"这个词，这是全新的提法，以前官方只用"城镇化"，因为一直担心人口的集中。现在官方报告也指出，人口的集中和经济活动的集中符合规律。中国现在每天有300个村子消失，很多人感到失落，但这是历史规律。

根据第七次人口普查的数据，人口增长大省是广东、浙江、江苏、新疆。人口减少最多的是黑龙江、吉林、辽宁、山西、内蒙古、甘肃。可以看出，人口迁移是追逐经济活动的，人口下降的省份就是经济活动下降的省份。

中国未来人口和经济活动的布局是什么？国家已经确定了9个中心城市，是很理性的确定方式，这些城市包括北京、天津、上海、广州、重庆、成都、武汉、郑州、西安。人口将形成大集中、小分散的布局，向以中心城市为核心的城市化区域集中，但在区域内部又呈分散趋势。

其实，从人口数据中可以发现，北京、上海的人口增加并不多，增加主要在其周边一些城市，这背后体现了经济规律。因为人口迁移主要考虑收入和生活成本，尽管北京和上海的工资高，但是生活成本也高，所以大家理性选择，决定迁移到周边的城市化区域里。

城市化将调整中国经济增长格局，一方面表现为托底经济总量增长，另一方面表现为区域差距进一步拉大。中心城市区域的房地产仍有成长空间，但一些三、四线城市的房价将很快见顶。城市的衰落也不一定是永久的衰落，经济规律还会起作用，当一个城市衰落见底了，就可能止跌回升。例如，美国的匹兹堡曾经衰落，但过去10年因为生活成本低而成了美国医药制造的小中心，连带着好多保险公司迁入，又焕发了生机；美国底特律前几年宣布破产，但现在企业慢慢又回去，因为在那里买房子几乎零成本，企业可以重新打造新的业态。所以，对于我国东北等地区的衰落，我个人认为不用那么担心，总有一天会触底反弹。

乡村振兴

我国进城务工人员在2014年之后没有太多增长，证明过去那种跨越式的人口流动已逐渐停止，很多人留在了中西部。到 2035 年，虽然城市人口将上升 15%，近 80% 的人居住在城市，但仍然有 20% 的人口居住在农村，这部分人约 3.5 亿。所以，我们不能放弃农村。从这个角度来理解乡村振兴是有意义的。

我经常回老家，又是研究农业经济起家，深知中国还有多少人处于贫困的状态。2020 年 5 月 28 日，在十三届全国人大三次会议记者会上，李克强总理语重心长地强调中国有"6 亿中低收入及以下人群，他们平均每个月的收入也就 1000 元左右"①，一时引发海内外舆论热议，但这是事实。

因此，大家要认真对待乡村振兴。对国有企业而言，乡村振兴一定会是必做的任务。

如何实现乡村振兴？能否依靠发展农业？我认为不可取。农业增加值只占 GDP 的 8%，2035 年可能只占 4%，无法支撑未来 3 亿农村人口的收入。中国目前除了主产粮区要确保发展，其他的农作物种植都值得商榷，因为大多已经处于过剩状态。问题不是农产品不够，而是农产品价格太低。农村老百姓要提高收入只有一条路：找非农的工作。事实上，15 年前农村居民收入的一半以上已经来自非农产业。

发展乡村工业是否可行？其实，"村村冒烟"的时代已一去不复返。现在要实现乡村振兴只能靠县域经济。

县域经济的重点是为农村居民提供较高质量的就业，劳动力密集

---

① 《怎么看"6 亿人每月收入 1000 元"》，参见：http://www.xinhuanet.com/politics/2020-06/22/c_1126144559.htm。

型产业仍然是主力。以雄安为例，安新县目前一年的税收才两亿元；而15年前我到温州的一个县，县财政收入已经达到120亿元，富可敌省，这就是南北差异。现在，南方的一些欠发达省赶上来了，其中就有我的老家江西。江西10年前在全国各省份中的排名在倒数前5名之前，现在其GDP总量在全国上升到第15名，人均收入排在第20名。这么了不起的成就从何而来？答案是产业转移。我老家所在的县目前是箱包产业的小中心，老百姓的收入增长很快，村子里60%的人家都拥有了小轿车，这在三年前是不可想象的。所以，发展县域经济还是要务实一些，做劳动力密集型产业。

乡村振兴最终会使村庄成为宜居之所。随着交通便利化、收入水平提高，以及农村单体房屋设施的改善，进县城买房与留在村庄居住将达到平衡，村庄成为居住地，县城是工作地。如果农村土地问题能够切实获得突破，我认为乡村振兴会走得更好，其中有很多潜力可挖。

绿色发展

我国之所以提出"双碳"目标，首先是因为国内需求，其次是来自国际的压力。过去20年，世界碳排放增长量的很大一部分来自中国。"双碳"目标能否实现，对我们而言是一个巨大的挑战。

很多企业认为绿色发展一定增加成本，但是按照著名竞争战略专家迈克尔·波特（Michael E. Porter）提出来的波特假说（Porter Hypothesis），加强环保规制其实有利于刺激我国进行更多的创新活动，从而推动技术进步。环保技术厂家给企业推销一种产品，肯定要能提高企业的效率，否则企业不会采用。如果能创造一个巨大的环保产业，整个经济也会变得更强。但与此同时，挑战也很大。如果我对中国未来 5~7 年新景气周期的判断正确，减排的压力将非常大。简单计算，"十四五"期间能源效率要每年提高 3%，但我国经济增长率是 5.5%~6%。如果能源结构不改变，每年的排放将仍然增长 2.5%~3%。我国现在提出要求，"十四五"期间能源结构要做重大改变，煤炭占比要从 60% 下降一半。如果这个目标能够实现，减排压力就能够缓解，但在 2030 年完全达峰的挑战仍然非常大。所以，我们必须加速中国能源结构的转变。

现在大家讨论较多的是实行碳交易还是推出碳税，北大国发院徐晋涛主张推出碳税，因为碳税简单且易执行，实行碳交易虽然效率高一些，但对于软件的要求非常高。因此，我认为中国需要为碳达峰目标制订一个国家行动方案，否则到 2030 年实现碳达峰的难度极大。

如何理解中国经济的双循环[①]

对于理解双循环，有两点非常重要。

第一，"要牢牢把握扩大内需这个战略基点"。我国扩大内需已经持续了大约10年时间，但是这次将内需作为"战略基点"，把内需提到战略的高度，是一个很大的变化。过去10年里，我国的内需已经在增长，而且增长速度比较快。今天，我们在确定要把扩大内需作为一个重大战略时，如何进一步挖掘内需就成为非常值得好好思考的问题。

第二，"加快形成以国内大循环为主体、国内国际双循环相互促进的新发展格局"。中国出口量在GDP中的比例于2006—2007年达到顶峰，之后就开始下降。因此，过去10年间，国内大循环已经成为主体。这句话要特别强调的是：形成国内国际双循环相互促进的新发展格局。

要好好理解这个重大战略及其意义，我想从三个方面来讲：

第一，2010年以来，中国经济实现再平衡，国内循环方面做了哪些事情。只有了解这一点，我们才能更加深刻地理解双循环。

第二，国际环境的变化对中国经济的可能影响。我个人觉得当

[①] 本文为姚洋教授2020年9月在九三学社第36期发枝荟沙龙暨北大国发院公开课第14期上的演讲。

下媒体对这个问题有点夸大,把国际形势对中国经济的影响看得过高。如果按照这样的理解来制定我们的政策,方向上容易出现失误。对国际环境认知问题,我想重点讨论两点:一是去中国化是不是发生了?二是有没有或会不会形成两个平行体系?我对这两个问题的回答都是否定的。清楚这两个问题之后,我们才能正确地实施双循环,才能实现国际国内双循环相互促进的新发展格局。

第三,在理解前两点的基础上,思考中国接下来应该做什么。

中国经济的再平衡

2001—2010 年:狂飙突进的 10 年

过去 20 年,中国经济发展基本上可以分成刚好相等的两个阶段——前 10 年和后 10 年。前 10 年是经济狂飙突进式增长的 10 年,后 10 年是震荡下行调整的 10 年。

从 2001 年中国加入世界贸易组织到 2008 年金融危机,我国出口在这 7 年时间里以平均每年 29% 的速度增长,7 年增长 5 倍,外汇储备也激增。从全球范围来看,年均两位数的 GDP 经济增长速度无与伦比。北京和很多大城市面貌变化最大的就在那 10 年,城市建设迎来 10 年的大踏步前进。

另一方面,那 10 年也出现了周其仁老师所说的"水大鱼大"。"水大"就是经济增长非常快,"鱼大"指的是巨额财富的创造和集中。中国的财富创造是惊人的,但集中度也高,少数人拥有极多的财富。

整个国家的收入分配报告显示，我们的收入分配非常不平均。另一个问题是结构失衡，表现为储蓄过度、消费占比下降。

2010—2020年：调整的10年

过去的10年是我国经济调整的10年，结构性变化很大。第二产业占比下降，工业化的高峰已过。当然，工业化高峰过去不代表我们不再发展工业，而是无论从增加值比例还是总量占比而言，第二产业（工业）的比例都在下降，第三产业（服务业）占比上升。同时，出口占GDP的比例，以及出口对GDP贡献的比例，都在持续下降。

如果以GDP的三驾马车来看，消费占GDP的比例在不断上升，储蓄率不断下降，投资和出口增长对经济增长的贡献显著下降。

过去几年里，消费增长对GDP的贡献都在70%以上，已经非常接近美国的水平，高位甚至到75%。因此，可以说内需推动的经济其实在过去几年已经形成，中国已经不再是一个外需推动、投资推动的经济体，国内循环早已经占据主导地位。所以在我看来，再以国内需求推动经济增长的空间也已经所剩不多，这个判断是很重要的。

从具体数据来看，出口占GDP的比例最高是在2006年和2007年，之后持续下降。根据图4—1，年出口总额除了2009年、2015年、2016年三年有所下降，其他年份都在上升。我国现在的出口总额将近2.5万亿美元，是英国或者法国GDP的总量。英、法是世界主要国家，还是联合国的常任理事国，中国的出口量和这两个国家的GDP相当，这证明了中国的出口量有多么惊人。

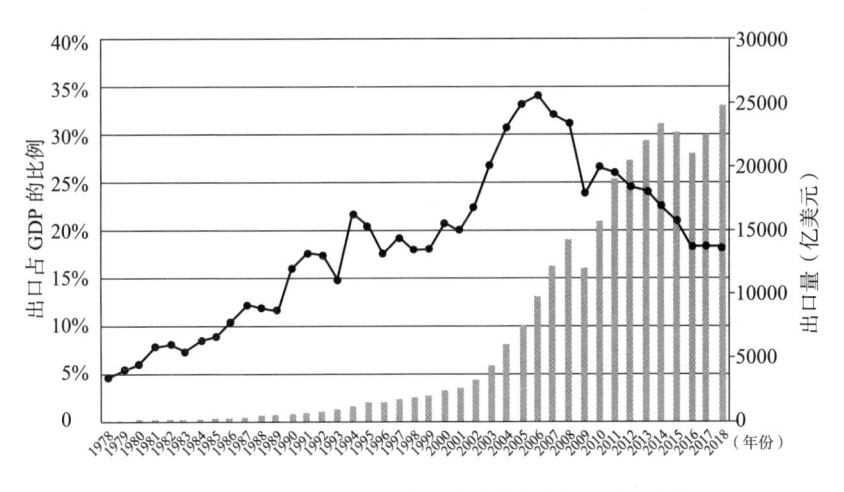

图 4-1　1978—2018 年中国出口量及其占 GDP 的比例

消费占比上升，储蓄占比就会下降。因为储蓄的反面就是消费，储蓄上升了，消费就下降，这是 21 世纪头 10 年发生的事情。储蓄下降了，消费占比就上升，2010 年是个转折点（图 4-2）。

图 4-2　储蓄和资本占 GDP 比例

第四章　解读重要战略　　123

提升国内消费不能靠降低储蓄率

综上可知，提升国内消费的空间是有限的。自 2010 年以来，我国消费率每年提高 0.86%，目前已达到 55%。与之相反的是储蓄率降到 45%。如果保持这个下降速度，10~15 年之后，我国储蓄率将低于韩国现在 35% 的水平。而韩国现在的人均 GDP 是 3 万多美元，按照可比价格计算，已经超过美国人均 GDP 水平的一半。但估计中国的人均 GDP 15 年后还达不到美国的一半，要等到 2049 年或者最快 2045 年才能达到这一水平。

因此，中国的储蓄率最好不要下降这么快，而是应该努力保持适度的水平。因为经济增长离不开资本积累，技术进步也需要储蓄支撑。韩国的研发投入占本国 GDP 的 4% 左右，我国的这一比例是 2.2%。作为一个大国，我国的这一比例当然不需要达到 4%，但是按比例算我们仍然低于美国 2.8% 的水平。

援引这几项数据想说明的是，国内消费对 GDP 的贡献已经很高，从占比的角度看，剩余的空间已经不大，但不代表没有结构化的空间。下一步要提升的重点不是消费对 GDP 的占比，更不能简单地靠降储蓄来刺激消费，否则容易出现方向性错误。

国际环境变化对中国经济的影响

外部环境的变化对中国的影响也很大，这一点同样非常重要。这一部分主要讲两大问题：

第一，去中国化发生了吗？去中国化就是企业撤离中国，中国被排除在全球供应链之外。

第二，会形成两个平行体系吗？平行体系是指在技术和金融领域分别形成以中国和美国为中心的两体系。

前文提到，我自己对这两个问题的结论都是否定的。对于去中国化问题，世界对中国的依赖度还在提高，而不是下降。对于平行体系问题，我们在技术领域确实已经跟美国有部分的脱钩，但这不意味着我们和全世界都在脱钩。在金融领域，除了中国向美国的投资在下降，中国和美国的金融黏性都是有增无减。

去中国化为什么没有发生

第一，中国重回美国第一大贸易伙伴身份。

受贸易战的影响，中美贸易 2019 年降幅很大，比 2018 年下降了 10.7%。2020 年上半年仍然在下降，比 2019 年上半年下降了 6.6%。所以这两年下来，贸易战的确使中美贸易有大幅度下降。但是 2020 年因为疫情，美国和世界其他国家的贸易往来也都出现下降。因此，一个有趣的现象是：2019 年因为贸易战，中国已经不再是美国的最大贸易伙伴，但 2020 年 4 月开始，中国又重回美国第一大贸易伙伴的位置。

由此可以看出，所谓美国要跟中国脱钩，其实美国人并没有形成一个统一的战略。这一点是我着重要强调的：美国没有形成一个对华经济和技术的统一逻辑和一致战略。

中美的贸易不平衡在 2020 年急剧上升，也就是美国对中国的贸易赤字急剧上升，因为中国对美国的出口在维持，但是美国对中国的出口下降了。所以特朗普真是搬起石头砸了自己的脚，他的本意是缩小中美贸易的不平衡，但贸易战打下来，实际结果是贸易不平衡不减反增。中国失去的这些出口转移到了墨西哥、东南亚等其他国家和地区，而美国的整个贸易状况没有任何改变，甚至出现恶化。

第二，中国在世界经济中的份额将再度增加。

疫情对世界贸易的影响非常大，WTO 预测 2020 年全球贸易将下降 13%~30%。中国上半年的出口下降 3%，但是 6—8 月出口正增长非常快，8 月出口已经转正。进口早在 6 月就已经转正，8 月再度转负是我们自己的问题，根本原因是国内需求还没有完全恢复，相对偏弱。

总体而言，一般预测中国 2020 年全年出口将正增长 3%，GDP 正增长 2% 左右。全世界的贸易都在下降，GDP 也在下降，因此中国在世界经济中的份额将再度增加。

第三，全面的产业链断裂没有发生。

全球产业链的确在部分高科技企业身上产生了断裂，也就是美国列入实体清单的 190 多家，影响非常大。如果 2021 年华为还是不能获得高端芯片的供应，其高端手机的生产就难以为继。这对华为来说是巨大的挑战，因为其手机业务销售额已经占到全部销售额的一半。但是总体而言，我觉得形势可控，全面的产业链断裂并没有发生。

如果你问一般的企业是否受到了美国制裁的影响，大部分会说没有。这说明清单上企业的份额占我国经济的份额比较小。即使是华为，我也想强调，2020年9月15日禁令生效以来，美国的英特尔还有AMD（超威公司）已经获得了继续向华为供货的许可，这意味着华为的电脑业务和平板业务不会受影响，只有涉及最高端的芯片的业务受到影响。因此，即使从华为一家企业来看，美国政府也没有形成一致性措施，并不是非要把华为彻底打趴下，给华为全部断供。

第四，外资企业并未大规模撤离中国。

外资企业是不是在大规模撤离中国呢？美国企业基本上是雷声大、雨点小。我们日常用的很多产品都是国外品牌，包括我们引以为傲的中华牙膏，其实也属于联合利华，后者是欧洲品牌。

这些企业愿意离开中国吗？中国这么大的市场，它们绝对不愿意轻易离开。另一个例子是沃尔玛，它利用中国的生产网络以及廉价劳动力生产了很多产品，卖回美国，卖到全世界。同时，沃尔玛也早已经扎根了中国的零售业，甚至深入一些县级城市。它愿意搬离中国吗？当然不愿意。

日本政府出资150亿元人民币鼓励日资企业撤离中国，但资金规模很小，目前只有80多家企业响应。而且这些企业也未必都是完全搬离中国，只不过回日本再设一个厂而已。

当然，我们经常会看到报道说一些企业正搬到东南亚去，越南对美国的出口大幅增长，有些中国人开始着急。我在前文讲过，只要认真看看数据就会发现，越南的全部出口只是中国的约1/10，越南出口美国所增加的部分即使全都转自中国，也只能造成中国的出口小幅下降，更何况越南的出口增长中有相当一部分是自己内生的，并非源于中国的订单转移。另一方面，越南对美国、欧洲的出口虽然增加，但中国对越南的出口也在增加，因为这是一个生产网络。越南生产服装鞋帽进行出口，需要从中国进口棉纱、棉布，这本质上也是我们服装鞋帽生产的升级，是中国实现了大规模的自动化纺纱纺布，这是好事，这一点我在前文也提到过。我考察过江苏的一个纺织大镇，那里的纺纱企业已经位列世界500强。所以这样的出口转移，我们没必要过于担心。

第五，中国经济在世界经济中的份额上升。

数据显示，中国GDP和出口在世界经济中的份额一直在上升，2021年还会继续上升。按照名义量计算，目前中国GDP占世界GDP的约17%，出口占世界出口的14%。

具体而言，在GDP增速方面，2009年中国的GDP总量只有美国的1/3，2019年达到美国的2/3，2020年会超过美国的七成。因为美国的经济增长会下降，而中国经济还有增长。在世界500强企业数量方面，2008年中国企业只有37家，还比不上日本，当年日本500强企业有40多家。2019年我们的这一数量已经达到119家，2020年达到124家，超过了美国。

我们也有了全球领先的公司，包括技术领先的公司和产量领先的公司。

在技术上领先的公司有华为、阿里巴巴、腾讯、百度、大疆。10年前，我们没有这样的公司，现在这些企业都进入了"无人地带"。

在产量上领先的公司有格力、美的、联想等，都是各自领域里世界第一的企业。

尽管目前我们的经济增长速度下降了，但是过去10年我们的技术水平在提高、市场在扩大。这是事实。

第六，中国对世界的依存度下降，世界对中国的依存度上升。

根据麦肯锡的调查数据，2000年至2017年，世界对中国经济的依存度在提高，中国对世界经济的依存度在下降。

东南亚国家对中国的依存度也在上升，因为它们生产低端产品，中端产品大多来自中国。东亚地区以中国为核心的生产体系也没有改变，只不过中间做了一些调整。

第七，国际分工和贸易的逻辑没有改变。

国际分工和贸易的逻辑，就是一件产品不是由一个国家生产，而是多个国家的企业共同生产，由此形成产品内贸易。国际贸易中近90%是中间品贸易。

中国的优势除了世界第一的市场规模，还有强大的生产网络，拥有联合国工业分类中的全部工业门类。中国的生产能力很强，产业链日趋完善，这方面没有一个国家有能力跟中国竞争。

不仅如此，我们的人力资本和技术水平还在不断提高，还有潜力可挖。

第八，西方国家政府对企业的影响力受限。

我们不能高估西方国家政府对企业的影响力。在西方，政府不能命令企业做事情，政府影响企业的唯一途径就是立法。但是在西方国家想要立法，涉及面很广，需要平衡各种各样的利益，耗时极长。

政府也可以给予企业补贴，但非常有限，因为政府财力有限，同时还涉及利益平衡。以是否脱钩为例，西方企业是不是要离开中国，是不是要跟中国断链，它们自己才是最后的决策者。我们不能只听西方政府说了什么就以为要发生什么。在西方法治程度高的国家，企业没有义务听政府的，反而是企业对政府的影响力不可忽视。

技术完全脱钩不会发生

技术完全脱钩不太可能发生，我认为有几个现实的问题难以突破。

首先是现代技术的复杂性。一个国家想控制整个产业链几乎不可能。比如，特朗普政府几个月前发起组建5G联盟，最后不了了之。特朗普甚至还下了一道总统行政令，凡是有华为参加的国际会议，美国企业不能参加。结果发现反而是美国企业被排除在外，因为华为掌握了5G技术的40%，5G技术的会议如果没有华为参加就无法进行。实力决定了话语权，特朗普政府最后只好取消这条禁令。

其次是标准问题。在现代技术越来越复杂的情况下，统一的标准变得越来越重要。因为一个产品的中间环节是由不同国家生产的，各国必须遵循统一的标准。在这种情况下，想要隔断产业链或者垄断整个技术，难度非常大。

国际标准是由头部企业制定，而不是由国家制定的。以前有个说法：谁掌握了标准，谁就掌握了市场。其实这句话需要一个前提，就是只有技术强大者才能掌握标准。在 5G 领域，不用国家出面，华为就把标准掌握了。所以在标准问题上，世界也不可能分成两个平行体系。

最后是美国企业的作用。中国市场如此之大，任何一个美国企业都不可能轻易放弃。华为每年将 700 亿美元用于对外采购，其中 140 多亿美元付给了美国的企业。美国高通一半以上的销售都在中国。如果美国再下一道命令说高通不能对中国出口芯片，可能高通很快就无法生存，因为芯片行业全靠销售额支撑，没有销售额就不可能跟得上研发和技术的大潮流。正是这一原因，美国对华为的禁令曾经一再延期，现在虽然实施了，但英特尔和 AMD 很快就取得了供货许可，高通也在努力争取许可。

因此，良性竞争是技术领域的最好结局。

现在，美国采用的是一种流氓手段，我称之为塔尼娅·哈丁（Tanya Hardin）手段。塔尼娅是 20 世纪 90 年代美国的一名花样滑冰选手，滑得不是很好，她的竞争对手滑得比她好。为了参加奥运会，她买通黑帮把她竞争对手的脚踝敲坏了。事情很快败露，她的竞争对手无法上场比赛，而塔尼娅本人不仅无法上场比赛，还进了监狱。这就是杀敌一千，自损一千五。美国现在做的不少事情也基本上属于这个逻辑。美国业界没有多少人支持特朗普政府的这种行为，这主要是特朗普政府中鹰派主张的策略。

美国政府里还有一些温和派、理性派，对谈判的进展也能起到关键性作用。所以我的判断是，技术竞争不可避免，因为地缘政治竞争是不可避免的。我们要寻求最好的结局，在统一的标准和规则之下进行开放、良性的竞争，而不是主动脱钩、自我闭关。

金融也不会完全脱钩

金融会不会脱钩？中国会被排除在 SWIFT（国际资金清算系统）之外吗？SWIFT 是一个多边电报协议、多边支付的协助体系，自身并没有支付能力，美国对其也没有控制权，与美元也无直接关系。

美元结算体系 CHIPS（纽约清算所银行同业支付系统）、CLS（持续联结清算系统）等是美国能够掌握的。只要进行国际贸易或买卖资产中用到了美元，最后都要通过纽约的 CHIPS 结算。因为这个原因，美国既可以完全把一个交易方排除在外，也可以对其进行监控。

美国是否会把中国排除在美元体系之外呢？对此，我们要换位思考一下，从美国人的角度想想这么做对他们有什么好处和坏处。

首先，中美之间的贸易额大约为 6000 亿美元，如果中国被排除在外，那么中美贸易无法结算，也就无法进行。而且，对美国人来说，用美元的国家越多越好。美元是国际硬通货，对于使用美元的国家，美国就可以"割它们的韭菜"。过去 50 年中，从 1971 年布雷顿森林体系开始，美国就不断通过美元贬值的方式来"割韭菜"。1971 年的 1 盎司黄金价值 35 美元，今天同样重量的黄金价值高达 1900 美元，可以想象美元贬值了多少倍。所以从美国人的角度来说，绝对不想把中国排除在美元体系之外。

当然，这并不能排除美国会把我国的个别企业或银行排除在美元结算体系之外，甚至是SWIFT之外。这是有先例的，伊朗和俄罗斯的一些银行就被排除在外，但是美国都找到了貌似"正当"的理由，说伊朗违反了伊核协议，俄罗斯兼并了克里米亚。所以我们也要做好应对这种情况的预案，如果美国用某种理由把我们的个别企业排除在外，我们该如何应对？这一点要提前有所思考和准备。

在金融联系方面，2020年中国企业赴美上市不减反增，已有20家中国公司在美上市，筹集资金40亿美元，超过了2019年全年在美IPO（首次公开募股）筹集的35亿美元。

此外，美国企业在华投资增加。这得益于我们新的《外商投资法》，很多美国金融企业到中国来开设合资机构，比如PayPal（贝宝）收购了国付宝70%的股份，成为在华第一家在线支付外国公司。按人民币计算，2020年上半年美国对华投资增长6%。由于人民币升值，如果按照美元来计算，这一增长速度更快。

我国央行现在发展数字货币，这能否应对美国的金融脱钩？央行数字货币的优势是点对点的分散式交割，亦可离线使用，如果成功了就可以绕开SWIFT。并且，数字货币使用方便，手机下载App即可使用。发行数字货币对人民币国际化有辅助作用。

问题是，数字货币在根本上仍然是人民币，所以仍然面临人民币面临的所有问题。

有人设想过，在一个平台上跑一个数字货币，两头都是本国货币。比如中国向津巴布韦出口100万元人民币的产品，津巴布韦的买家将津巴布韦币换成平台上跑的数字货币，数字货币再换成人民币，所以津巴布韦的买家支付的是津巴布韦币，中国的卖家得到的还是人民币。这看上去似乎可行，但仔细一想，这个办法是行不通的。因为中国的贸易是出超的，中国对津巴布韦持有大量贸易盈余，这就会导致大量津巴布韦币积累在这个平台上。鉴于津巴布韦的超高通胀率，用这种办法虽然脱离了美元陷阱，但又会落入津巴布韦币陷阱。

举这个例子是想告诉大家，关键还是看世界是否接受人民币，只有人民币国际化之后，我们的数字货币才能起作用。因为数字货币仍然是人民币，没有脱离货币的本质。

中国央行发行数字货币可能有两个理由：一是为未来的技术做准备，纸币最终会消失，我国每年制造纸币的成本是200亿元到300亿元，发行数字货币可以节约成本；二是与支付宝、微信支付共存，补充它们的作用。

总之，国际环境确实发生了深刻变化，特朗普政府的行为也的确对我国创新环境，特别是最顶尖的创新环境有影响，但是我们不要把这个影响夸大。按照夸大的影响来做决策，可能要出问题。

实现双循环新格局应该做什么

走出疫情，迎接新的景气周期

未来 5 年到 10 年中国经济怎么走？我个人的判断是，如果疫情不反复，2020 年下半年我国经济增长率达到 5%~6% 是可能的，2021年达到 7%~8% 也有可能。从 2021 年开始，我国经济将进入一个新的景气周期。其实，2016—2017年中国新的景气周期已经开始，但由于"去杠杆"和疫情的影响，景气周期被打破，我认为2021年能够接续。

如果较高水平的增长能够维持，中国对美国的追赶就非常有利。

假设美国的增长率为2.2%，通胀率为2.0%，而中国按高、中、低三种情况预测增长率分别会达到6.5%、5.5%和4.5%（表4-1）。中国以美元计算的通胀率，包括了升值的成分，5年以内中国即使保持6.5%的高增长率也赶不上美国。但是10年之后，中国经济以预测的中速度增长就能超过美国，即使按预测的低增长率增长也跟美国比较接近。

表4-1　2020年中美两国经济情况预测

		假设		预测（万亿美元）	
		增长率	通胀率	2025年	2030年
美国		2.20%	2.00%	27.40	33.66
中国	高预测	6.5%	3.72%	26.07	42.41
	中预测	5.5%	3.32%	24.14	36.84
	低预测	4.5%	2.92%	22.34	31.95

大体而言，中国经济总量应该会在2025—2030年超过美国，成为世界第一大经济体。

关键领域要有自主创新

2020年8月24日召开的经济社会领域专家座谈会上说，越开放越要防控风险。我个人觉得风险主要在技术领域，技术领域形成自主技术是国内循环的关键。

如何去搞自主创新？我认为大有可为，要注意以下几点。

第一，让市场做创新主体。

在绝大多数情况下，市场应该起决定性作用，做创新的主体。

十一届三中全会和十八届三中全会，两个全会都以改革为主调。十一届三中全会是我们1978年改革的起点，十八届三中全会是新的改革蓝图发布。座谈会还提到，应该是市场在资源配置中起决定性作用。在常态下，利用国际合作是技术进步的最佳路径，无论如何我们都要争取一个开放共融的国际环境。

在关键领域，美国要卡我们脖子，我们的政府就要增加投入。

首先，要科学地确定哪些是关键领域，不能泛泛防止"卡脖子"。比如，圆珠笔的笔头是瑞士的一家小公司生产的，如果它不供应，我们就无法生产圆珠笔。那么，中国是不是就一定要努力自己研制笔头？我认为没必要。"卡脖子"并非唯一标准，关键标准应是这个领域是否足够重要，同时是否面临美国完全断供的风险。

其次，政府资金最好是雪中送炭，投入那些技术路线比较明确但缺少资金的领域，而不是那些从0到1的创新领域。现在，很多地方政府投大量资金搞从0到1的创新，但失败太多。这其中绝大多数都是在浪费金钱，无任何意义。最近有人统计各省对芯片企业和转产芯片企业投资的增长率，其中西北地区某省增长约500%，是个天文数字。芯片是个高举高打的行业，不是人人都能干的，没有积累就去做，一定行不通。

第二，芯片领域全工序投入很难。

在我看来，芯片要做，但是不是道道工序都有能力做？这个问题的答案也很不确定。

芯片生产有四个主要工序：设计、晶圆材料、晶圆加工、封测。

中国在设计方面已经达到世界先进水平，华为的麒麟芯片、寒武纪陈氏兄弟两个年轻人设计的 AI 芯片，还有紫光的芯片等设计都属于世界领先。但是，中国在设计领域只有"半条腿"，因为芯片设计的辅助软件以及很多知识产权都被外国掌握。这次美国英伟达收购英国 ARM，又给我们敲警钟。英国也反对这次收购，因为这意味着英伟达对芯片设计辅助软件的完全垄断。即使中国能做辅助软件，IT 方面还有很多我们不可能完全做到。

制造芯片的晶圆材料方面，中国高度依赖日本进口。好在我们不用太担心日本卡我们，因为我们和日本之间有更多谈判空间。

晶圆加工有两个重点，一个是光刻机，一个是加工。光刻机方面，中国的领头羊是上海微电子，它在 2021 年可以推出 28 纳米制程的光刻机。但世界领先的阿斯麦已经可以做 5 纳米制程的光刻机，我国落后了 10 年以上。加工方面，中芯国际已经可以做 14 纳米制程级，但是与台积电的 5 纳米制程级仍有两代技术差距。本来中芯国际订购了 7 纳米制程的机器，但是美国动用《瓦森纳协定》禁止阿斯麦出口。

封测方面，中国的差距相对小一些。

总体而言，想把上述四个领域做全很难。我国现在提出的目标是在2025年把芯片自给率从1/3提升到70%，我认为难度很大。

中国是否要做芯片的全行业闭环？值得慎重考虑，更可行的做法是在一些关键点上先做出突破。

中国不完全掌握最先进的芯片，这对中国经济的影响有多大？短期的影响其实微乎其微。例如，受美国禁令影响，华为2021年可能无法制造最先进的手机，但是国内其他几个手机生产领头羊如小米、vivo、OPPO没受制裁，它们可以购买外国企业设计的5纳米芯片来制造。因此，如果禁令延续到2021年，中国的高端手机领域可能要洗牌。总之，对中国的总体影响没有我们想象的那么大，但是对我国技术最领先的企业华为影响会很大。

评判一个企业是不是伟大的企业，我的标准就是它敢不敢投资一些目前没有任何商业盈利可能性，但是长远来说对人类的知识积累有益的科研。曾经的IBM（美国国际商用机器公司）是一个，现在的华为是一个。

在技术方面，我们要在关键领域搞自主，要想好具体怎么去做。

提高低收入群体的收入和消费

怎么才能扩大国内消费？前文已经说过，全面扩大消费已没有多少空间，最重要的是做结构调整，尤其是提升低收入群体的收入和消费。

2016年，北大国发院对中国家庭的家户收入分配进行了追踪调查，我是这个调查的发起人之一。我们从2010年开始做连续性调查，每两年做一次，这是 2016 年的数据（图 4–3）。这两年数字与之前有变化，但是整体分布没有太大变化。

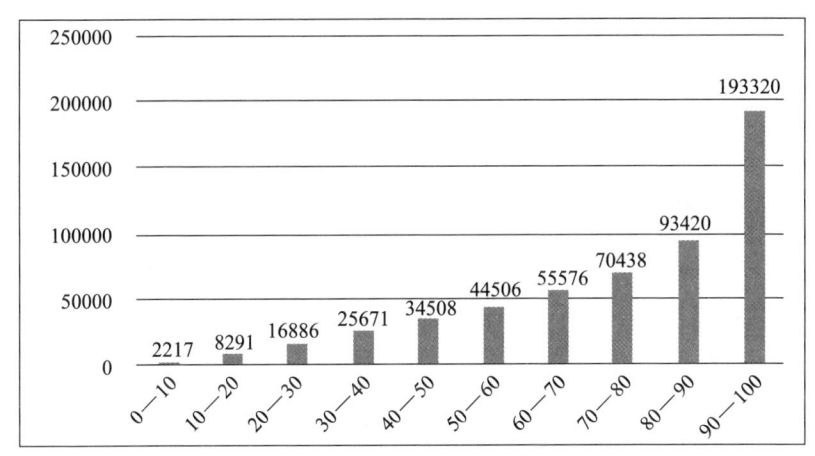

图 4–3　2016 年家户收入分布（元）

来源：中国家庭追踪调查

调查显示，10% 的最高收入家庭，其收入占全国收入的 35.5%。50% 的低收入家庭，其收入只占全国总收入的 16%，后者的平均收入不到全国平均收入的 1/3。10% 的最低收入家庭，其收入只占全国收入的 0.4%。也就是说，最高收入家庭平均收入是最低收入家庭的 87 倍。事实上，收入最低的那 10% 家庭人口是在欠债生活，如果不算住房，他们的净资产是负数。

如何提升低收入群体的消费呢？我们的一次分配已经在改善，而且会继续改善，因为我国经济增长正在向西部地区、农村地区推进。中国城乡之间、东部和中西部之间的收入分配差距最大。在我看来，我国东部沿海地区和世界最发达地区的差距，小于我国西部地区和东部沿海的差距。同时，服务业正在替代第二产业成为非农业就业的主力部门，服务业的工资水平相对高一些，这有利于一次收入分配的改善。

不过，二次分配还需加力。我国的第二个百年目标是到2049年实现社会主义现代化强国，其间的阶段性目标是到2035年全面实现现代化，这是十九大提出的目标。除了收入方面，我想全民社保是全面现代化的一个必要指标。全面实现现代化的时候，不能像美国那样还有两千多万人没有医保。我国台湾地区在20世纪90年代末就实现了全民社保，到2035年大陆的平均收入会超过台湾20世纪90年代末的收入水平，我们更有理由实现全民社保。

对于全民社保的具体措施，个人有以下设想：

首先，若想实现全民社保城乡统筹，暂时就不能以城市居民所享受的社保及医保作为全国统一标准，因为这样难度极大。我的建议是建立统一但分级的社保体系，也可称为菜单式社保计划。

其次，建立临时性贫困人口救助体系。这次疫情突显了社保体系的漏洞，许多失业人口和半失业人口没能得到及时救助，这也是我国现在消费增长比较慢的原因之一。目前，我们消费的复苏远远低于生产面复苏的水平。

低收入人群的消费对社保非常敏感。我们的研究表明，加入新农合后，低收入农户的消费可以增加10%~20%。他们的收入很低，又没有保障，在获得保障之后他们才敢去消费。

因此，我们未来在消费上的调整应该是结构上的调整。

加速城市化步伐

我国城市化滞后，应该加速城市化步伐。目前，我国名义城市化率是 60%，这包括了那些进了城却没有城市户口的人。如果把这部分人去掉，我们的城市化率不足 45%。同时，农村人口占全国总人口的 40%，但农村劳动力只占全部劳动力的 28%。按劳动力占比算，我国真正的城市化率应该在 72% 以上，恰好是日本 20 世纪 70 年代、韩国 20 世纪 90 年代中期的水平。并且，我国现在的人均收入和这两个国家那时候的人均收入相当。

中国下一步的目标是到 2035 年城市化率达到 75%~80%，要实现这一目标，城市化率相应增速应该达到每年增长 1.3%~1.4%。然而，过去这 40 年每年的城市化率增速才 1% 左右，我们的城市化速度应该再加快一些。

城市化怎么推进呢？在前文提到的座谈会上，专家陆铭的研究领域就是城市化，尤其是都市化，他主张着力发展大都市。在我看来，这个观点与国家未来的城市化战略并不违背，今后就是要着力推进城市化。我建议发展以大都市为中心的城市群，而不仅仅是大都市。所有国家的城市化都是这样的过程，所谓"大集中、小分散"。人口会向少数城市化区域集中，在这个城市化区域里面又会分散。

目前区域城市化或城市群发展得最好的是珠三角和长三角，区域内有巨型城市、大型城市、中等城市，还有很多小城市，形成一个城市网络。中国几大城市群未来最终可能集中我国 60%~70% 的人口。

小结

总的来说，首要的一点是不要把底线思维变成常规政策。我们确实要防范国际上可能越来越多的风险，为此做充足的准备，但也不能把底线级的准备变成常规政策。我们在20世纪60年代基于底线思维搞过三线建设，因为要应对可能的战争，把很多经济建设挪到了西南地区。但后来战争风险解除之后，底线思维演变成了常规政策，这些经济建设最后基本上全失败了。

其次，以国内循环为主不等于不要国际循环。以更大的开放来对冲特朗普政府的围堵才是正解。要在金融领域让美国更多的金融企业到中国来设立独资企业，以增加美国脱钩的成本。

最后，在国际舞台上，我们应该建立以规则为基础的新交往方式。有人说现在我国在国际上的一些外交困难是因为我们没有坚持韬光养晦的政策，我认为这种判断是不对的。今天，我们想坚持韬光养晦已经行不通了。10年前，我们给中央的一份报告中就写"大象难以隐身树后"。以前我们是一只小绵羊，躲在树后没问题，现在是一头成年的大象，树已经挡不住我们了，再韬光养晦已不可能。

我们一定要有所作为。以前我国是国际规则的接受者，很多规则对我们不利。现在，美国想重构全球化，重构世界秩序，恰好中国经济体量排全球第二，很多问题就冲着中国来。我们应该抓住这个时机，跟美国人去谈新的世界秩序，让这个秩序成为新的国际秩序，这方面的空间还很大。当然，在这个过程中，我们要改变心态，要做好牺牲一些自己利益的准备，因为规则制定者肯定不能像以前一样只讲自己的利益，而要讲全球的利益。我想中国已经做好了这个准备，我们在"一带一路"上已经承担了许多核心义务，在规则制定方面我们也同样可以承担更大的义务。

共同富裕，须精准提高民众收入能力[①]

"共同富裕"是当前的热词。何谓共同富裕，共同富裕的路该如何走？社会上有不少讨论。

平均主义不是共同富裕的目标。在计划经济时代，我们吃过平均主义和"大锅饭"的亏。在"大锅饭"体制下，干好干坏一个样，干多干少一个样，民众的生产积极性不高，经济体系低效。我们不能再重复这样的错误。

当前，一小部分人不仅财富来路可疑，而且高调炫耀，引起社会的反感。但是，"杀富济贫"不是推进共同富裕的路径。企业家是社会财富的创造者，也承担企业失败的风险，社会舆论容易被"幸存者偏差"所左右，只看到成功的企业家，而容易忘记那些失败的企业家。实际上，成功企业家的高收入是以更多失败企业家的损失为基础，这样才能在全社会层面上，让潜在的企业家打平他们的期望收益和投资成本。

笔者认为，共同富裕有两个目标，一个是"托底"，另一个是"提升"。"托底"就是为所有人提供必要的社会保障，让民众摆脱对衰老、失业、疾病和匮乏的恐惧。"提升"就是提升民众的收入能力，

[①] 本文写作于2021年8月，首发于环球网。

让所有人能够依靠自己的能力获得更多的收入。社会保障不仅是社会福利，也可以促进民众的生产积极性。因为它降低了掉入贫困陷阱的风险，民众就可以放开手脚，去从事有一定风险但回报率更高的生产活动，比如开个小店、发明一项新技术，或者开办企业等等。提升民众收入能力是"授人以渔"，让低收入群体依靠自身获得更高的收入，缩小与高收入群体之间的差距。换言之，共同富裕不是要把高收入群体的收入拉下来，而是要把低收入群体的收入提上去。

这样的目标与中国人的道德观是一致的。我国古代社会就有社会保障机制。南方地区长期存在各种族田，为本族成员提供基本的福利保障。宋代开始有政府承办的福利制度，救助老弱病残，在一定程度上实现"老吾老以及人之老，幼吾幼以及人之幼"的儒家理想。另一方面，中国人的公平观是建立在古老的比例原则之上的。这个原则是轴心时代先哲们所秉持的公平原则，孔子、孟子、墨子以及亚里士多德都相信，一个人得到的回报应该与他的能力和努力成正比。儒家和墨家更是提出了政治贤能主张，认为选贤任能是分配政治职位的原则。这些原则仍然被今天的中国人所认可，并在实践中得到实施。

近日，中央财经委员会第十次会议提出构建初次分配、再分配、三次分配协调配套的基础性制度安排。

一次分配的原则是按要素分配。计划经济时代强调按劳分配，但没有严格执行，而是以"大锅饭"为主。改革开放成功的奥秘之一就是放弃"大锅饭"，实行按要素分配，劳动、资本以及其他生产要素按照它们的边际贡献获得报酬。从理论上讲，按要素分配是按劳分配的一种宽泛的形式，因为劳动力之外的各种要素说到底都是劳动积累的产物。按要素分配不仅可以提高各种要素的生产积极性，而且可以让市场形成合理的要素价格，指导资源的流向和配置，提高经济体系的效率。

二次分配是实现共同富裕的主体。按要素分配要尊重个人的能力和努力，同时也难免受到能力和努力之外因素的影响，必然导致收入和财富分配的不平等。这就需要政府通过税收和再分配对收入和财富进行二次调节。但调节不是简单的"削峰填谷"，把从企业和高收入者那里收到的税收分给低收入者就了事，而是精准地提高民众的收入能力，这样才能获得持续的共同富裕。

在今天的中国，接受良好的教育是提升收入能力的关键，一夜暴富的草莽英雄时代已经结束。但中国的教育水平分布不均，大城市的高等教育已经趋于普及，广大农村地区的平均教育水平才刚过初中。教育的阶层固化也日趋严重，子女教育水平与父母教育水平的相关性已经回到了 20 世纪 30 年代的水平。家庭的教育投入出现分化：中等收入群体对子女的教育日益重视，"鸡娃"和焦虑成为常态；低收入家庭出现"躺平"、放弃孩子课外辅导的状况。

共同富裕的重中之重是实现教育资源的均等化。笔者认为，实行小学和中学各五年的十年一贯制义务教育，不仅有利于降低中小学生的无效竞争，也有利于政府教育投入的均等化。提高农村地区教师的待遇，吸引优秀教师长期扎根农村学校，也是实现教育均等化的有效措施之一。

三次分配是厉以宁先生30多年前提出来的概念，原则是自愿。在这方面，一些企业家做出了表率，他们积极投入我国的慈善事业，是慈善捐款的主体力量。但是，就促进共同富裕而言，三次分配只能是锦上添花，因为其数量毕竟有限，更多是体现社会的互帮互助精神，而不是强制性的再分配。最适合三次分配发挥作用的地方，是救助社会保障无法触及的贫困领域、对高等教育和科研的资助以及引领社会的文化艺术事业。

共同富裕离不开教育公平
城乡教育差距急需缩小[①]

富裕离不开教育，共同富裕离不开教育公平

教育跟共同富裕有什么关系？很多人不太理解。教育与共同富裕的根本关系在于教育是富裕最重要的前提之一。只要不是靠着石油等自然资源富裕起来的现代经济体，都离不开人力资源的发挥，都是知识和技术造就的经济增长，而知识和技术都以现代化的教育为前提。

因此，对今天的社会而言，共同富裕的核心就是教育公平。

大家可能有一个很直观的感受或观察：20世纪八九十年代的时候，企业家中的草莽英雄很常见。一些人小学都没毕业，照样可以把企业做到百万元、千万元甚至亿万元级别的规模。然而在过去十几年、二十年，这种情况越发少见。不要说成为卓越的企业家，在今天的中国，一个没有接受过高中教育的人想要迈入中等收入阶层行列，成功的概率也正变得越来越小。

教育是决定收入最重要的因素之一，教育回报率也在不断提高。我们曾用"中国家庭追踪调查"（CFPS）的数据核算过，对20多岁

[①] 本文为姚洋2021年12月在北大国发院第六届国家发展论坛上的演讲。

的年轻人而言，其教育回报率最高可达12%，意味着20多岁时每增加一年的受教育经历，步入职场后的工资水平最高可能提高12%。而在20世纪四五十年代，这一回报率仅有6%。当然，这也反映出年轻人受到的教育质量也有了大幅提高。

在我看来，本届的论坛上，把人口和教育这两个话题合在一起讨论很有意义。在未来，教育可能是我们对冲老龄化一个非常重要的机制。因为老龄化意味着没有更多的劳动人口可用，支出却要增加，必须提高人口的平均劳动产出。因此，我们要想实现共同富裕，提高教育水平是根本、是关键。

林建华校长讲到教育的三重属性，其中一个基本属性就是教育的个人属性。中国作为社会主义国家，个人的解放是全人类解放的前提条件，所以我们更应该关注个人的教育，更应该注重提高每个人的受教育水平。尤其是要着重提高低收入人群的教育水平，令这部分人群有能力获得可持续的、更高的收入，而不能指望通过"杀富济贫""削峰填谷"的方式实现共同富裕，那只会把我们带回共同贫穷。

教育的城乡差距急需缩小

既然富裕的关键是教育，共同富裕的关键当然就离不开教育公平。

就我们目前的教育情况，最大的差距仍然是城乡差距。尽管我国教育的整体水平在提高，但城乡间的教育差距仍然没有缩小，情况依然非常严重。

我们根据CFPS的相关数据，得出的关于教育流动性的一组研究结果也很能说明问题。比如：20世纪30年代出生的人所受的教育与其父辈所受教育之间的相关性约为0.6，应该说相关性非常高；20世纪50年代出生的人这一相关性已经降到0.35以下，应该说相关性已经非常低，甚至低于当时很多发达国家的水平，这反映出这一时期教育的流动性大大增强；在20世纪80年代出生的人，其教育流动性的相关系数重新上升至0.5以上。这样一个U形大回转，值得我们好好研究。

这些数据说明教育的城乡差距没有缩小，主要原因是社会的流动性在下降。比如，在现在的北大学生中，父母双方都是农民的比例已经非常低。我每次上大课时都要做个小调查，满足上述条件的学生占比在1%~2%。当然，这限于我教学的班级，可能有标本偏差。然而在我上学的20世纪80年代，这一占比能达到1/3。

如何解决这个问题？"双减"可能治标不治本。雷晓燕的研究成果也说明，"双减"落地后，部分高收入群体的家长开始聘请私教。然而低收入群体家长可能无法做到这一点，教育差距反而在无形中被拉大，我们的政策有可能好心办坏事。

在我看来，解决这一问题应该从制度入手，从中小学开始入手。目前，高考仍然是中国教育的指挥棒，这种客观事实暂时无法改变，但各地都在积极地落实一些有益举措。比如江西省在降低考试难度的同时，增加了考题的数量，这样的考试其实是在考验人的智商，与其知识掌握程度关系不大。我认为这是另一种方式的减压。

以上只是问题的一方面，解决这一问题绝非一日之功，需要很长的时间。在我看来，可能要等到我们大学入学率达到 80% 的时候才能解决，而我们现在的入学率还不到 60%。

缩小城乡教育差距的政策建议

对此该做什么呢？我认为至少应该做两件事情。

第一，普及高中教育。

赵耀辉在演讲中也提到这一点。现在很多省份都普及了 12 年义务教育，比如浙江，其他一些省份其实也有这样的财力。对于那些财政上存在困难的省份，是否可以考虑把初中和高中合二为一，从 6 年学制缩减到 5 年，再把小学压缩到 5 年学制，形成一贯制 10 年义务教育。我当年上学的时候就是 10 年一贯制。总体来看，这样的安排也没有影响我们这一代人成才。如果觉得 10 年的时间不够，也可以考虑上大学之前增加一年预科阶段的学习，以最大程度地缩小城乡教育差距。根据 CFPS 的数据，在我国 1985 年出生的人口中，有将近 10% 的人没能完成小学教育，这部分人大都生活在农村。

在教育拨款方面，我认为应该完全按照学生人数平均拨款，每所学校都该一样，不应该分类。现在有很多超级中学和超级小学都获得了太多的社会资源和国家资源，主要原因就是这些学校的排序靠前。

第二，大学收费要改革。

能考上北大、清华的这些学生，进入好大学已经相当于被奖励了一次。入学后，他们在学费方面再一次得到奖励。自1997年以来，北大的学费一直没怎么涨，大概是每年5000元的水平。然而一些"三本""四本"学校，学费几乎涨到天上去了。我曾经见过学费8万元一年的学校。这些学校的学生大都来自农村，好不容易考上大学，还要承受高昂的学费及生活费，无疑是双倍的不公。

我认为，像北大、清华这样的好学校，可以适当提高学费，国家拨款也可以相应减少。国家拨款应该更多地向实力弱一些的学校倾斜。北大、清华这样的学校，也可以拿出学费中的一部分设立奖学金，支持贫困家庭的孩子读书，通过这些措施在大学教育的层面把城乡差距稍微拉平一些。

教育改革已经进入深水区，为何遇到这些困难？最近几个月，我参与了一些讨论，也和教育界人士进行了交流碰撞，结果让我很吃惊。我发现很多教育界人士的精英主义思想根深蒂固，他们认为从幼儿园开始就应该层层选拔，这是完全正确的。像我这种想要拉平城乡教育差距的观点，在他们看来是天方夜谭。在这些人眼中，每个孩子的志向不同、家庭背景不同、付出的努力不同，因此选拔是必需的。

中国发展到今天，我们是否可以考虑中小学教育不再以选拔为主，而是以培养完整的人为主？如果我们的教育能更关注林建华校长所讲的个人属性，更在意人的全面成长，我认为这对于国家未来的经济增长和高质量发展是最有利的。

小农经济过时了吗?[1]

新发布的中央一号文件锁定农业供给侧结构性改革,政策的核心之一是降低农业的生产强度。这一政策方向是对的,降低农业耕作强度,有利于农村生态环境实现自我修复,尤其是中国北方水源缺乏,对土地的污染非常严重。为实现这一目标,不少经济学家认为,出路在于农业规模化、农民组织化,小农经济已然过时。然而事实并非如此,当前中国仍有超过2亿户"人均一亩三分、户均不过十亩"的小农,我们有必要重新审视小农经济对中国发展的历史作用。

小农经济在中国始于南宋,这跟北宋灭亡,人口大量南迁有直接关系。北宋时期中国的农村经济带有明显的农奴制特征。从《水浒传》玉麒麟卢俊义的家世就可看出,他家资丰厚,是名副其实的大地主,他的私人军队实际上都是他的庄户。这些庄户本质上属农奴,只不过相对欧洲农奴人身更为自由。北宋灭亡之后,人口南迁,人多地少,土地压力越来越大,逐渐形成中国最早的小农经济。可见,小农经济有其自身的发展逻辑。

中国经济史著名学者李伯重认为,直到清代,以小农经济为代表的中国农业仍然是世界上最发达的,清代代表了全世界农业文明的顶

---

[1] 本文写作于2017年,首发于《北京日报》。

峰。在这个时期，小农经济在中国已发挥到极致。

全世界范围内小农的单位面积产出是高于大农场的，比如日本粮食的单位面积产量就高于美国，这跟日本小农经济有直接关系。小农经济在以日本与中国为代表的东亚长盛不衰，是历史理性的选择：人口密度大、土地少的时候，就会出现这种经济形式。

在现代社会，小农经济常常背有"恶名"，一般观点认为它阻碍了工业化进程，但是一直没有人在理论上把背后的原因说清楚。新中国建立后，中国不少人也认为小农经济落后，主张社会化大生产的学派否定小农经济，其理论基础仍然缺乏现实依据。

小农经济有自身非常明显的特点：一个小农家庭就是一个完整的生产单位，它要预测未来的市场，制订生产计划，这个过程要考虑所有影响生产的外在因素——特别是气候，然后规划劳动力投入，审时度势把握良好的市场出售时机。而在小农家庭消费上，它还要灵活把握丰收、歉收等不同情况下的不同消费支出。这种经济学上的多任务问题，需要极丰富的人力资本积累。

中国的小农经济催生了大量掌握着各种经验的小农，虽然他们受教育水平不高，但拥有各种社会技能和经验。小农较高的人力资本不能被简单理解为"受了多少年教育""读了多少年书"，而是跟经验相关。中国20世纪八九十年代之所以涌现出大量农民企业家，正是和传统的小农经济有直接关系——小农经济培养了众多有经济头脑、有管理才能、有企业家精神的人才。这在其他任何一个国家都没有，更是不可复制的。

小农经济另一个优势就是"无剥夺的积累"，这是南非学者吉莉恩·哈特（Gillian Hart）在《去全球化》一书的观点。吉莉恩·哈特发现，在中国，由于农民拥有土地，他们对工资的要求往往较低，导致中国工业化的成本比较低。工业化没有让农民流离失所，变成城市贫民，因此中国城市没有大规模的贫民窟。这当然和政府的整治有关，但小农经济对农民的保护也可能是个重要原因。不仅如此，以小农经济为主导的东亚各国实际上都没有太多的贫民窟。

目前，中国不能抛弃小农经济也有现实原因。大规模的农业经营或者农业商业化，我们都做不到，因为中国的国情是人多地少，跟欧美动辄几百英亩的大农场相比有天壤之别。我们应该有一个心理准备，农业在中国是极其昂贵的行业，包括在日本、韩国、中国台湾乃至整个东亚地区都是如此。说它昂贵，是因为农业——主要是粮食种植，是不可能有丰厚的商业利润的。在全球范围内，这种情况有一定普遍性，西方很多大农场也主要依赖财政补贴。

需要指出的是，指望通过农业发家致富很难，世界上还没有先例，而在中国更不可能。把农业看得过于特殊，违背现代经济规律。

城市化 2.0 与乡村振兴的内在逻辑[①]

城市化意味着中国的结构转型，从劳动生产率低的部门向劳动生产率高的部门转移，城市还有集聚和创新的效应，这样的转型能自动带来经济增长。根据我个人计算，过去三四十年里，我国城市化对经济增长的贡献是 10% 左右。

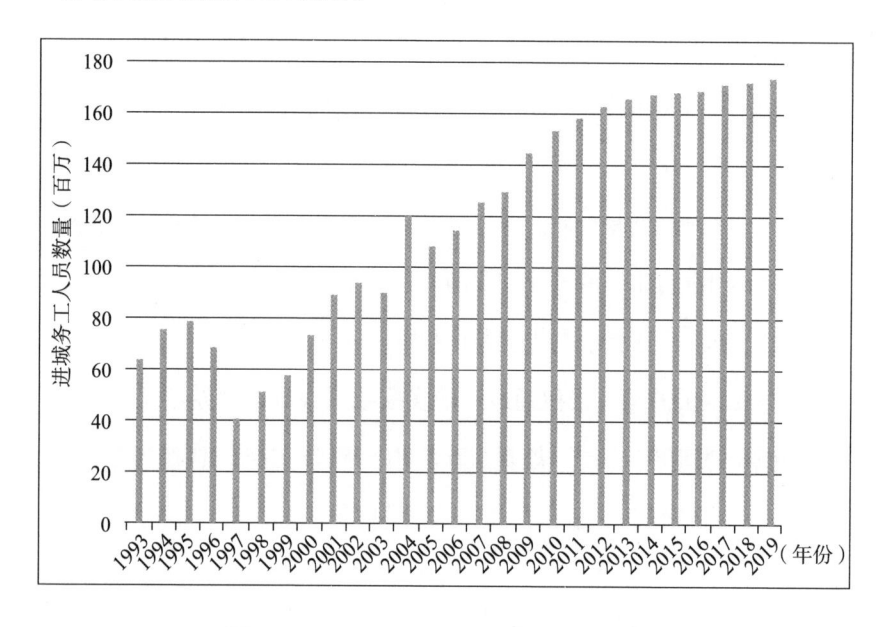

图 4-4　1993—2019 年进城务工人员数量

资料来源：《中国统计年鉴》

[①] 本文为姚洋教授 2021 年 5 月在北大国发院"中国经济观察"第 56 期报告会上的演讲。

城市化对消费的贡献也很大，因为城市居民人均消费高于农村居民 2.3 倍以上。到 2035 年，城市化率达到 75%，由此带来的消费增加足以弥补老龄化带来的消费下降。

《中华人民共和国国民经济和社会发展第十四个五年规划和 2035 年远景目标纲要》中把"城市化"和"城镇化"两个词并用[①]，这在我的印象中是第一次。这是一个非常重要的信号，在我看来代表了一个新的方向。以前的官方文件中一般只提"城镇化"，不说"城市化"。因为我们一直担心大城市扩张太快，人口过于集中，会产生所谓的"大城市病"等问题，所以一直用"城镇化"的说法。

根据《国家中长期经济社会发展战略若干重大问题》所述，我国未来的城市化有两个趋势：一个是东部沿海地区人口向中心城市区域再集中，另一个是全国 1800 多个县市的农村居民向县城集中。关于第二点，我认为未来可能会实现县城和村庄的融合。

趋势一：人口再集中

第一个趋势"人口再集中"，指的是人口从三、四线城市向一、二线城市集中，然后到了城市化区域里又进行分散。这个趋势在世界很多国家都发生过，我把它称为人口的"大集中，小分散"。

比如，美国的陆地面积跟中国差不多，人口有 3 亿多。但是摊

[①] http://www.gov.cn/xinwen/2021-03/13/content_5592681.htm.

开地图会发现，美国人口集中在少数几个地方，包括东海岸、西海岸、五大湖地区以及佛罗里达州，其他地方人口较少，中西部经常开车一个小时见不到一户人家。另外还有日本，哪怕是这样国土面积很小的国家，人口集中也非常显著，东京-名古屋-大阪这个乘坐高铁不到两个小时的狭窄区域里，集中了日本60%~70%的人口。

我国未来也会形成一些城市化区域。国家已经宣布了9个中心城市名单，包括北京、天津、上海、广州、重庆、成都、武汉、郑州、西安。围绕这9个城市将形成7个大的城市化区域，包括珠三角、长三角、长江中游地区、四川盆地、西安咸阳、郑州开封、京津冀地区。可以预见，到2035年，我国城市化率将达到75%以上，全国60%以上的人口将集中在这7个城市化区域里。

这种发展趋势对中国经济的意义是非凡的：首先，进一步集聚会带来更大的效益。粤港澳大湾区将成为中国乃至世界的一个新的增长极，深圳极有可能成为与硅谷并肩的高科技创新中心。其次，经济地理会发生大调整。城市化区域的经济比重会增加，非城市化区域的经济比重会下降。再次，会对房地产业产生影响。虽然预计我国总人口将在2025—2028年开始下降，我国总体房价不会有大的增长，但新的城市化道路给城市化区域带来人口的持续增加，将可能导致这些中心城市的房价得以维持，甚至有所上涨。而非城市化区域的房价要维持住很难，特别是那些人口流出的城市。

由此，我们需要一些配套措施，比如户籍制度改革、公共服务均等化、高考改革等。户籍制度改革已经讨论了很多年，从2012年春天就开始提出，到2013年十八届三中全会重申，一直都没有成功执行。没有执行的重要原因之一是户籍制度改革方案太激进，比如让县级及以下城市全面开放，只要有稳定的工作、稳定的居所就可以申请户口。这在全世界都没有先例，连美国都有户籍制度。所以，我们可以采用的方式是用居住证代替户口登记，弱化户口所附带的公共服务属性。在这个过程中，要把公共服务拉平，公共服务的均等化也是"十四五"期间一个非常重要的方向。高考是户口最大的福利，我们主张把地方高考和全国统考结合起来，全国统考面向那些户籍和学籍分离的学生，这将有利于大城市地区开放户籍的执行。

趋势二：县域经济的发展

城市化2.0的另一个趋势是农村居民向县城集聚，这一现象越来越普遍，因此县域经济变得越来越重要。图4-4告诉我们，自2014年以来，劳动力流动趋于平稳，跨省流动人数基本停止增长，开始了返乡创业的潮流。我们从这一现象中也要看到乡村隐性失业在增加，因为我国统计失业只统计城镇人口，不统计乡村人口。

2020年我国脱贫攻坚取得了决定性胜利，下一步是不能让这些脱贫的人再返贫。因此，我们今后的目标要从脱贫攻坚转到全面乡村振兴，使农村继续发展。到2035年我国仍将有1/4的人居住在农村，这在中国是一个巨大的数字，有三四亿人。即使最终我国城市化完成了，我估计全国还有 1/5 的人口生活在农村地区。所以，中央提出乡村振兴战略，在我看来是一个非常正确的决策，我相信历史也将证明这一点。

乡村振兴的核心在哪里？不是发展农业，因为农业只占我国 GDP 的 8%，15 年前我国农民的主要收入已经来自非农业。未来要想全面乡村振兴，核心必须是为农村居民提供较高质量的非农就业机会。

在中西部地区，主要应该实施人口就地城市化，劳动力密集型产业仍然应是主力。举个例子，我的老家江西省新干县在过去 10 年实现了飞速发展，江西省 GDP 近 10 年在全国的排位上升得非常快，从垫底省份基本上到了中游，这与江西加入长三角一体化，以及大批人口返乡创业有关系。

新干县现在有 35 万人，支柱产业是箱包产业和灯具产业，都属于中低端产业，其中箱包产业占到全国中低档箱包的 80%。虽然箱包的利润很低，一个箱包只赚 5 元左右，但对当地老百姓来说是个福音，因为到工厂里去干活，基本上能保证有四五千元的月收入，勤快一点挣上万元也有可能。这些年，我们村里老百姓的生活水平大幅度提高，很多人家开始买小轿车。买小轿车是农村居民富裕的标志之一，因为小轿车不能跑运输，完全是消费品。

类似这样发展水平中等偏下的县，通过产业转移可以快速发展，劳动力密集型产业在这些地方仍然应该是主力。所以，有了产业，我们的扶贫成绩才能有保证，乡村振兴才有基础，我们才能实现城乡一体化。

最终，乡村将成为中国很多人未来的宜居之所，进县城买房与留在村庄居住将形成平衡。收入水平提高之后，交通也将更加便利。农村地区单体房屋的卫生设施也可以实现自来水、下水系统、抽水马桶等基础设施的普及。如果能把农村变成宜居之所，我们的乡村振兴战略也就实现了。

振兴消费仍然是中国经济的重大挑战[①]

我读《2022年政府工作报告》，感到这次报告有很多往年少见的新亮点。

亮点一：稳增长的财政政策与货币政策力度引人注目

2021年中央经济工作会议提出"稳增长"的主要目标，总理在2022年的政府工作报告中显著体现了这一点。具体而言，货币政策和财政政策的力度都非常大。货币政策方面，央行2022年一季度扩表（扩大资产负债表）7400多亿元，已经超过2021年全年水平，政策力度非常大。财政政策的力度更大。2022年用于拉动地方政府投资的专项债为3.65万亿元，在此基础上又提出2.5万亿元的减免税收。这是个非常庞大的数字，因为全国每年的一般财政收入为20万亿元左右，2.5万亿元就意味着2022年仅仅减税就会达到10%以上，表明中央政府保市场主体的决心很大，力度少见。

---

① 本文为姚洋教授2022年3月在北大国发院第60期"中国经济观察报告会（CEO）"上的演讲。

亮点二：对"双碳"路径有了新表述

2022年的政策目标中明确提出"'双碳'目标要切实可行"。我个人的理解，这是要对过去几年一些地方把落实"双碳"目标搞成运动式减排的情况做出调整，非常必要、及时。

北大国发院每年会出一份大型报告，2022年报告的内容就是关于中国的"双碳"路径。在这份报告里，我们对中国实现"双碳"目标做了评估。结果发现，按照"十四五"规划，我们即便稳步降低碳排放，到2030年也可以实现碳达峰目标。假设未来经济增长速度为5.5%（实际增长率可能达不到这一水平），目前我国的煤炭在能源消费中的占比为60%，在全部碳排放中的占比为80%。按照"十四五"规划，我们的能源效率每年要提高3%，煤炭在全部能源消费中占比要降低10%，折合下来，每年碳排放下降1.65%。1.65%加上3%，即碳排放可以下降4.65%。此外，排放技术升级方面还有潜力可挖，从而使碳排放可以降到更低。如果每年的排放效率再提高0.8%~0.9%，那么基本上就可以对冲掉经济增长5.5%产生的碳排放量。

2022年政府工作报告中对"双碳"的新提法也为煤炭工业指明了一条路。我国仍然是以煤炭为主要能源的国家，煤炭在中国全部能源消费中占大头，即使在"十四五"期间降低10%，占比仍将达到50%。即便"十五五"期间占比再降低12.5%，仍将占比37%。这意味着到2030年，煤炭在我国的能源消费里将仍保持较高比重。

怎么用好煤炭？我认为要依靠一些清洁煤炭的技术，比如煤制气、煤制油等。尽管这些技术现在看起来不太划算，但只要有投入，让它们像新能源一样发展起来，价格还可以继续降，也许未来和太阳能一样，能把成本降到火电成本以下。

亮点三：对房地产调控有了新表述

数据显示，房地产在2021年下半年是负增长。房地产产业链条非常长，不只是卖房子，也不只影响建筑业。房地产行业好，建材、家电行业才会好，因为大家买了房都要装修、买家电。如果房地产行业进入负增长，整个消费也会跟着往下走。2021年我们经济增长减速，很大一部分原因就是房地产行业负增长。

《2022年政府工作报告》中提出，房地产应该"鼓励长租房"。怎么鼓励？我们好像总是拿不出切实可行的办法。我认为这件事其实也不难，比如当开发商拿到一块地后，政府要求它必须把其中的1/4拿出来建长租房。开发商自己干不了的，可以找合作者，剩下的事情市场总会解决。

政府工作报告里还提出，在保证"房住不炒"的基础上"因城施策"。现在，我们也看到很多城市开始行动起来，有些城市把首付比例已经降到了20%。但事实上，我又有些担心房地产行业在2022年下半年过热。自新冠肺炎疫情以来到2021年年终，房地产对于经济复苏起到了非常重要的作用，但由于2021年上半年房地产过热，中央出台了"三条红线"，最后对房地产的打击非常大。因此，还是应建立起房地产调控的长效机制，避免出现2021年那样政策上的大起大落。

保增长的重点在促消费

2022年我们要保5.5%的经济增长率，重点在哪里？5.5%并不是一个轻易就能达到的目标。我自己测算了中国经济的潜在增长率为4.65%~6.5%，中位数刚好是5.5%。过去两年的实际增长率平均为5.2%，所以2022年要达到5.5%的目标有难度。从1—2月的情况来看，我们目前所采取的宏观政策对稳增长起到了很大作用，但效果能不能持续？要谨慎看待。

财政政策方面

基建投资是政府财政支持力度最大的一块，但从2018年开始，其对经济增长的贡献一路下行。过去两年，政府支持基建的力度仍然非常大，但基建每年的增速仅为2%~3%，转化为经济增长率已经是很小的数字。

2022年的基建增速能不能达到7%~8%，甚至10%？我感觉有难度，主要是如下两个原因：

第一，基建经过20多年高速发展，地方政府能找到的好项目越来越少。中央也发了文件，认为高铁不能再像以前那样发展，很多高铁线路不赚钱。地方政府对基建的感受恐怕也一样。

第二，2018年以来，中央对地方政府去杠杆的要求越来越高，导致地方政府陷入两难境地。一方面是中央需要它们投资，但给钱不够。从往年的情况来看，地方政府提出的基建总额都在30万亿元以上，即便这30万亿元可以分好几年，折合到每年恐怕也远远不止3.65万亿元。另一方面，地方政府如果想把很多大项目做成，必须去市场上融资，负担起商业性债务，又与中央提出的去杠杆要求相悖。两难之下，地方政府对投资的积极性下降。

即使地方政府愿意去投资，我们也要对债务问题保持警惕，特别是地方政府的商业性债务。城投债在2020年增加4万多亿元，2021年又增加6万亿~8万亿元，可见增速很快。同时这些商业性债务的还款期限很短，地方政府很快就会面临偿付问题，最后又得来一次债务置换，不可持续。

货币政策方面

货币政策的效果是越来越差，很重要的原因是民营企业并没有从多发的货币和降低的利率中获益。比如央行多发货币使利率从3.5%降到3%，国有企业从中获利更多，民营企业的贷款利率通常是7%~8%，甚至10%以上，利率一点点的变动传导到民企几乎可忽略。

同时，在预期减弱和需求不足的情况下，民营企业也不愿去贷款。我们希望通过给企业免税、减少金融负担，促使企业通过借钱来维持经营，把工人留下来。这相当于政府单方面想让企业借钱去保就业，不符合企业的基本逻辑。我们现在的货币政策是微观传导机制有问题，深层的原因是对民营企业一直存在歧视，表层和短期的原因是大家的预期减弱。

供给侧方面

综上所述，我认为这两年政策把着力点放在供给侧需要反思。

过去两年，我们的出口增速很快，2021年达到20%以上，已经回到21世纪前10年的超高水平。2022年出口的增速可能为10%~15%，这还是比较乐观的估计，折算下来对GDP增长的贡献仅为1.5%~2%，因此拉动GDP主要还得靠国内需求。

目前政策把着力点放在供给侧，但现在全国产能过剩，产品滞销。我们要知道经济是个闭环，每一年的总生产应该等于总需求。如果产能过剩时还鼓励企业多生产，明显不符合经济学原理。

需求侧方面

在需求端，投资受制于预期下降，所以必须提振国内消费。

一般的看法是，如果想提振消费，大家的收入必须提高，否则消费上不去。但是，凯恩斯在100年前就告诉我们，消费想上去是有办法的，即促进"自主性消费"，"自主性消费"即不依赖于收入的消费部分。因此，当经济增速没有达到潜在增长率时，应该进行需求管理，刺激消费，政策应该把重点放在提升老百姓的消费能力上。

怎么提升消费能力？当然不能靠内生型消费（收入增长驱动），我仍然坚持这两年来的呼吁——给老百姓发现金促消费。比如从

2022年促进地方投资的3.65万亿元专项债中拿出1/3来增加消费，平均给全国每人发1000元左右，以电子货币的形式让大家限期使用。通过消费乘数（3或者5）计算可知，每人1000元左右可以带动4.5万亿元至6万亿元的消费，形成相当大的消费规模。

疫情防控要既精准又开放

同时，我们的疫情防控应该做到"既精准又开放"。现在正处在全球第四波疫情，鉴于目前香港疫情的严重性，我们继续实施严防严控的措施有必要。但当这波疫情压下去之后，未来要努力尝试不再通过封社区、限制城市间通行等方式来控制疫情，因为国内消费和出行密不可分，一旦整个社会的商业活动停滞，经济复苏就会付出巨大的代价。

我们在技术上已经可以做到非常精准的疫情防控，现在还有一种核酸检测技术可以当场出结果。类似这样的防疫技术研发可以加快，扩大使用范围，争取以后能推广到每个机场、餐厅和酒店。中国有聪明才智的人非常多，应该能很快找到一条"既精准又开放"的防疫路径，让我们在防疫的同时不再严重影响消费。

总而言之，2022年的政府工作报告看点非常多，我们面对的挑战也非常大，促消费仍然是重点中的重点。

改革金融体系是治理中国经济失衡的良药[①]

在当下的金融危机中，中国的国有大银行似乎一枝独秀，仍然能够保持大量盈利，让国人好好地自豪了一把。殊不知，这样的表现背后，是国有大银行的垄断以及中小银行的缺失。目前，我国只有18家主要商业银行，110多家城市商业银行。农村信用社的数量很多，但多数的经营状况极差。相比之下，美国有7500家商业银行、886家存贷协会、400家互助储蓄银行和9900家信用社。

中小银行之所以有利于改善我国的经济失衡，首先是因为它们更愿意向中小企业发放贷款。中小企业贷款难是困扰中国经济发展的一个长期问题。我国近年的储蓄率超过50%，而国内投资率只有42%左右，因此每年有相当于国民生产总值近10%的储蓄没有得到利用。在这种情况下，中小企业仍然面临贷款难的问题，不是一个正常现象。

但在大银行主导的情况下，这种状况很难改善。大银行的资金雄厚，追逐大型企业发放大型贷款不仅可以为它们带来稳定的收入，而且可以降低它们的贷款成本。相比之下，中小银行资金少、运作灵活，更愿意给中小企业贷款。因此，大力发展中小银行，国内投资就会增

[①] 本文写作于2019年，首发于《中国日报》。

加，储蓄的利用率就会增加。

另外，中小企业吸纳就业的能力强，相同数量的资金，投到中小企业比投到大企业更能增加就业。就业多了，劳动者报酬占国民收入的比重就会提高，这将在根本上改变中国的收入分配格局，实现提高国内消费、减少出口的目的。

缺少地方性资本市场是中国金融体系的一个重大缺陷。我国每一个省的人口和地域都相当于一个中型到大型国家的规模，而资本市场却只有深沪两个股市，上市企业数量只有区区1500多家，即使加上近日开通的二板市场，规模也不会大到哪里去。另外，我国基本上没有企业债券市场，其他形式的融资渠道也很有限。

地方性资本市场缺失的一个后果是非法集资的频繁发生。非法集资扰乱金融市场，坑害百姓。但是，我们也必须看到非法集资背后，是中小型民营企业对资金的大量需求以及老百姓渴望实现手中大量闲置资金价值的渴望。如果政府允许企业合法地发行企业债券，则非法集资就会减少，老百姓也可以名正言顺地实现资产的增值。

金融市场的作用不仅仅是扮演投资中介的角色，在我国当前的状况下，它也是让普通百姓分享经济高速成长所带来的收益的手段。在我国的GDP分配构成中，劳动者收入的比重在下降，而资本收入的比重在上升。改革金融体系不仅可以提高劳动者收入的比重，而且可以通过鼓励居民投资提高资本收入中居民拥有的比重。

金融已经向外资开放，但却对国内民营资本设置了重重障碍，这是极不合理的。向民营资本开放当然会增加金融体系的风险，但是因噎废食更不可取。正确的选择是建立有效的监管体系。

20世纪90年代曾经有过一段地方性资本市场大发展的时期，但相应的法律和监管体系却没有建立起来，一些地方因此出现了问题。起初，政府采取鸵鸟态度，假装没有看见，等到情况严重起来，就采取一刀切的办法，把所有的地方性资本市场取缔了。

要解决目前的经济失衡状态，中国经济必须做出重大的结构性调整。希望政府不要重复20世纪90年代的错误，错失完善金融体系的机会。

金融应如何支持民营企业发展[①]

2018年上半年以来，我国经济受到较大下行压力，民营企业首当其冲，一些进行股权质押贷款的民营上市公司面临被清盘的危险。一时间，民营企业何去何从，成为社会各界讨论的话题。随着党和国家领导人及相关部委领导密集表态，民营企业的信心得到提振，"民营企业退场论"不攻自破。

下一步的工作，是找到支持民营经济发展的长效机制。

民营企业在2018年上半年遇到的主要问题，其源头是对商业银行表外业务的限制。我国的商业银行、特别是几个大型国有银行，向民企发放的贷款数量相当有限，由商业银行表外业务支撑的影子银行就成为民企获得资金的主要来源。资管新政收紧影子银行的资金来源，对民企产生直接影响。另外，资管新政不允许银行理财业务投资非标产品，切断了股权投资和地方政府投资的一大融资渠道，间接降低了民营企业得到资金的能力。在我国目前的经济环境下，地方政府的基建项目不仅增加社会投资，还为民企提供资金。在资管新政下，这些项目纷纷停工，从而减少了民企的流动资金。

金融是一个国家经济的神经，这根神经伸向民营企业的部分需要

[①] 本文写作于2018年11月。

层层畅通。2017年的经济形势相对较好，民营企业的信心较足，开始较大规模扩张，因此让2018年面临的困难更大一些。但民营经济的主体是健康的，如果金融神经能够畅通，2018年实现民营经济和国有经济的比翼齐飞是不成问题的。

支持民营企业的发展，首先需要消除对货币的恐惧，保持货币的适度增长。货币主义学派认为，货币在长期是中性的，即不会支持经济的长期增长，只会推高全社会的价格水平。然而，这个论断只有在市场是完备的情况下才成立，在不完备的市场里情形会有很大的不同。在我国，民营企业得到资金的难度大于国有企业，但民营企业的资金利用效率更优。因此，适度增加货币供给量，让民营企业能够得到资金，就可以增加全社会的产出。

当然，这不意味着"大水漫灌"是提高民营企业融资的唯一途径，结构性改革的效果更大。我国民营企业遇到的融资困难是一个世界性的难题。多数民营企业是中小型企业，经营风险高，银行忌惮给它们放贷有其道理。传统银行控制风险的办法是要求企业提供不动产抵押，我国银行的大部分贷款仍然是这样做的。由于民营企业的不动产有限，它们得到的贷款也有限。我国的银行系统也在创新，股票质押就是创新之一，但这次没有想到股市下挫如此严重，许多民营上市公司的市值下降1/2到2/3，迫使它们平仓。

因此，国有银行不愿意给民营企业贷款可能只是表面现象，实质是银行缺少与民营企业风险相抗衡的手段。要解决这个问题，就需要允许银行对贷款企业的风险进行灵活定价，目前只允许企业贷款利率上下浮动50%的做法可以调整。在我国金融开放的大背景下，政策部门有必要对此做出积极改变。民营企业获得资金的成本远高于正规的银行利息，多出的部分都被中间环节挣去了。与其这样，还不如都给银行，这样才能提高银行给民营企业，特别是中小民营企业放贷的积极性。

与此同时，影子银行的作用不可忽视。过去一段时间，P2P（网络借贷）出现了跑路的现象。对这个行业进行整顿，加强监管是必要的，但也不宜一棍子打死，让小微企业失去一个重要的融资渠道。新的资管办法虽然不允许银行的理财业务直接投资非标产品，但允许银行的理财子公司投资非标产品，相信各个银行正在进行相应的调整，一旦调整到位，理财资金将再度流入市场。

一个健康的企业债市是银行贷款的必要补充。银行的表内业务要对储户负责，避险是第一要务。由银行理财子公司开展表外业务，则可以承担更多的风险，企业债是这些业务的一个较好投资对象。企业债的另一个好处是它的分散性，比股市更加灵活、更容易照顾到地方性中小企业。

最后，我国还要下大力气发挥股市的融资作用。目前，我国股市每年只能够提供六七千亿元的融资，占全社会新增融资总额（15万亿元左右）的比例微乎其微，与巨大的股市市值完全不相配。究其原因，是在过去很长一段时间里，新股发行速度太慢，股市资金空转。

2018年11月5日在上海举行的首届中国国际进口博览会开幕式

上，习近平主席宣布，上海证券交易所将设立科创板并试点注册制。[①]两者都是盼望已久的改革。2015年12月全国人大常委会对实施股票发行注册制已有授权，三年来一再推迟实施。在党和国家全力支持民营企业发展的大环境下，推出科创板和注册制的意义非常重大，预示着具有创新活力的民营企业将获得一个便捷和宽广的融资渠道。

在我国180多万亿元的总债务中，民营企业债务只占20%左右，这和民营企业对经济总量60%以上的贡献率是不相称的。此次民营企业在降杠杆过程中经历的困境，给我们提了一个醒。随着改革措施一步步到位，相信民营企业的融资难问题会得到缓解。

[①]《习近平出席首届中国国际进口博览会开幕式并发表主旨演讲》，参见：http://www.gov.cn/xinwen/2018-11/05/content_5337594.htm?cid=303。

积极应对气候变化有利于经济增长方式转变[①]

全球气候变化及碳交易市场的价格体系问题，也是我非常感兴趣的话题。从气候变化与经济发展方式这两者关系的角度来看，积极应对全球气候变化会推进经济发展方式的转变。以能源领域的发展为例，积极应对全球气候变化将意味着大力推进绿色低碳发展。为此，未来技术创新以及太阳能的发展不仅要以清洁能源替代传统的火力电站，同时也意味着要用更多创新来推动全球经济发展。

未来，我认为中国能做好准备迎接全球碳定价市场的到来。

一方面，中国太阳能应用领域的发展已经走在全球前沿：现在全球75%的太阳能发电组件都由中国生产，全球太阳能发电的装机容量1/3在中国。在太阳能科技领域，中国在很多方面也走在前沿。

另一方面，中国已向全世界宣布了"双碳"重要目标，特别是提出到2030年实现碳达峰，这就意味着中国需要大刀阔斧地改变能源结构。毫无疑问，中国将进一步提高能效，"十四五"规划中的目标是把能效每年再提升3%。当然，仅仅这样做还不够，因为接下来5~10年中国的经济增长速度，至少每年还要保持5%。所以，中国必须进一步改革能源结构。像太阳能等清洁能源有可能是我们唯一的出

[①] 本文写作于2021年8月，首发于《北京日报》。

路，中国也有能力实现这样的转型。

中国未来会在全球碳价格体系中发挥重要的作用，这也符合中国自身发展利益。

此外，希望大家更加关注碳交易市场中的其他发展中国家。比如欧盟在提"碳边境调节税"，对于发展中国家，比如非洲国家来说，若要效仿这一措施显然存在问题。我们必须认识到，大部分非洲经济体刚刚进入工业化的早期阶段，如果不能完成工业化，没有发展，这些国家就没有前途，谈碳税完全是无本之木。

对于这些非洲国家来说，一方面是如何继续推进其工业化进程，另一方面是同时改变这些国家的能源结构，这也将是全球面临的一项艰巨挑战。

不过，这个挑战也可以让非洲国家看到一个机会，那就是通过"跳跃式发展"走捷径，包括直接发展太阳能。因为很多非洲国家现在是缺电的，燃煤发电肯定不够，直接采用太阳能发电就像一条捷径，我将之称为"跳跃式发展"。在移动通信领域，不少非洲国家就跨越了模拟技术的发展阶段，直接来到了数字技术的 4G、5G 阶段。在能源领域，这些国家同样可以经历类似的跳跃式发展，直接跨越火力发电的阶段进入清洁能源发电阶段，包括太阳能发电阶段。

非洲国家这样的发展过程对于包括中国企业在内的很多企业来说，存在着很多机会，特别是工业化国家的企业，有非常多的机会面向有关非洲国家提供金融、技术上的支持和帮助。

必须强调的是，西方关于中国对非洲援助的评论和看法非常恶意，污蔑中国是"新帝国主义"，这绝非事实。这些西方人士如果真正关心非洲的发展，就应该和中国携手努力，增进和中国在非洲相关发展领域的合作。比如，中国有巨大的制造业产能，包括在太阳能行业的产能非常巨大。而且，中国不光向其他国家提供商业贷款，也提供大量低息贷款，这其中就包括面向非洲国家提供的很多援助。西方国家在非洲也做同样的事情，从这个角度来看，中国和西方国家之间有合作的基础和机会。

"城市化 2.0"与中国经济新趋势[①]

人口流动最终还是受制于经济规律：首先取决于有没有就业机会，工作机会决定了人口的转移去向；其次是生活成本，比如住房成本，房价在很大程度上也是城市人口流向的调节器。

设想未来的中国农村，村庄应该成为宜居之所，县城经济将代替过去的乡镇经济，发挥公共设施、信息、人才等方面的集聚效应。同时，进县城买房与留在村庄居住达到平衡。而且，交通网络越来越便利，各种交通工具也伴随着农村居民的收入增加而普及或兴起，进城工作、生活都更便捷，农村地区的自来水等公共服务设施也在加强。

"城市化2.0"之所以重要，主要有两个方面的理由：一是城市化在"十四五"规划中的分量很重，以"城市化"代替"城镇化"的提法，也释放出重要的政策信号；二是第七次全国人口普查数据公布后社会反响很大，可以从中看到全国人口布局在过去10年里发生了很大变化。这些变化意味着什么？城市化是一个重要的理解角度，可以帮助我们看清变化的内涵。

什么是"城市化2.0"

第21期《求是》杂志发表重要文章《国家中长期经济社会发展

[①] 本文写作于2021年7月，首发于《北京日报》。

战略若干重大问题》，其中针对"十四五"规划中"城市化"的重要内容，特别解读了三句话。

一是"完善城市化战略"。"城市化"与"城镇化"一字之差，其战略思想转变却非常大，这很可能表明政府调整了老百姓就近城市化、最好在城镇完成城市化的主张。"城镇化"始于费孝通先生在20世纪80年代提出来的"小城镇战略"，由于警惕城市病，党和政府文件里也一直使用"城镇化"这个词。

二是"增强中心城市和城市群等经济发展优势区域的经济和人口承载能力，这是符合客观规律的"。这也表明我们认可新的区域战略，重新认识发展规律。过去一直是希望经济活动人口平均分布，因此相继有西部大开发、振兴东北老工业基地、中部崛起等区域发展战略，结果每个区域发展都需要配套人马和资金。这一次是从中央层面接受区域内部不均衡发展的战略，比如东部等传统的人口密集地区要优化城市群内部空间结构，合理控制大城市规模，不能盲目"摊大饼"，要推动城市"组团式"发展，形成多中心、多层次、多节点的网络城市结构，即包含超大型城市、中型城市、小城市的城市化区域。

三是"我国现有1881个县市，农民到县城买房子、向县城集聚的现象很普遍，要选择一批条件好的县城重点发展，加强政策引导，使之成为扩大内需的重要支撑点"。发展县域经济要接受农村居民到县城买房，如果进一步明确的话，未来城市化道路是将过去"人口的跳跃性转移"，也就是中西部农村人口直接向一、二线城市转移，调整为"人口的梯度转移"，即三、四线城市人口向沿海中心城市区域集中、农村人口向主城区和县城集中。因此，未来的城市化道路可以称之为"城市化2.0"。

城市化导致人口重新分布

从国外经验来看，不论是国土面积广阔的美国，还是国土面积狭小的日本，都呈现出"大集中、小分散"的特点，即发达城市人口高度集中，在少数区域内人口分散分布。基于国外城市化特点和经验，建议海南省作为中国沿海省份，学习美国佛罗里达州。佛罗里达州重点发展"老年经济"，也叫"候鸟经济"，海南应该抓住老年人想去沿海城市养老的需求，促进本区域经济发展。

日本人口主要集中在东京、大阪、名古屋，这三个城市的居住人口加起来占到日本全部人口的60%。日本大大小小的村庄非常缺人，因此特别欢迎中国人去当地村庄居住，但居住之后的就业是大问题。我们现在对于村庄的自然消亡耿耿于怀，担心未来没有农民种地。可以看看日本这么高度发达的国家，人口仍然在集中，部分村庄、城市都在消失，年轻人都向往到东京、大阪这样的大都市生活。结果是村庄几乎没人，京都这样的大都市却熙熙攘攘。这可能是经济、人口和社会发展的客观规律。将最新的第七次全国人口普查数据和第六次全国人口普查数据比较后，可以看到中国人口也在集中，最明显的是东三省、山西、内蒙古、甘肃这些省份的人口都在下降，黑龙江近10年净人口减少了600万。相反，广东、浙江、江苏三省是人口接收大省，中国人口明显地在向经济发达地区移动。

人口流动最终还是受制于经济规律：首先取决于有没有就业机会，工作机会决定了人口的转移去向；其次是生活成本，比如住房成本，房价在很大程度上也是城市人口流向的调节器。

城市化因区域而不同

国家已经公布了北京、天津、上海、广州、重庆、成都、武汉、郑州、西安这9个中心城市的名单，围绕这9个城市形成了珠三角、长三角、长江中游地区、四川盆地、西安咸阳、郑州开封、京津冀地区7个城市化区域。未来60%以上的中国人口可能会集中在这七大区域。从地理位置来看，七大城市区域的分布体现出明显的南北差距。长三角区域高速路和高铁线路密度非常大，近年快速形成网络，这也使得工作日在大城市打拼，周末坐高铁回家的人会越来越多。珠三角也是有过之而无不及：珠三角包含香港、广州、深圳三大巨型城市，另外还有很多大城市与之连成片。因此，长三角和珠三角可以说是中国城市网络发展得最好的区域。下一个值得观察的区域是武汉、长沙一带。武汉距离长沙很近，只相隔半个小时高铁路程。未来中部的确会崛起，但不是"遍地开花式"的崛起，而是重点城市的崛起。

未来的世界将是城市的世界，城市主导一切。美国纽约、芝加哥、洛杉矶这样的国际化大城市具有全球能力；英国伦敦同样是一个全球城市，伦敦的GDP占英国全国GDP的40%，其核心是伦敦城，是英国的金融中心也是政治中心，拥有全球性的政治和经济能力。未来，中国也会诞生这类城市，它们可能是上海、深圳这些经济、教育、创新等理念先进而且行动力强的南方城市。国家创新需要载体，大城市就是载体。

城市化的意义

城市化对于经济的意义，除了城市化集聚会带来更大的规模效益，还体现在其他方面。按照2035年中国的城市化率超过75%计算，一些城市化区域的经济在全国所占的比重还会增加，那些非城市化区域的经济所占的比重则会继续下降，这些区域包括东北、甘肃等北方省份的城市。北方城市衰落的最主要原因是上一轮经济结构调整过程中，北方城市经济发展所倚重的很多工业企业因污染严重、老化、技术落后等原因被迫关闭。同时，北方很多有活力的工业企业已经或筹备南迁，有的是将研发中心迁到长三角区域，有的是研发和制造基地都会搬迁。北方城市也缺乏小企业生存和发展的土壤，它们偏好大企业。这都将加剧南北方的区域差异。城市化之于房地产的意义，体现为城市化区域的房价还有升值空间，因为人口在往这些地方流动；相反，人口流出地区的房价会下跌。这种分化是必然现象，要接受城市差异化发展战略，而不是去努力避免某些城市、村庄的短期衰落，这也是城市发展的规律。不尊重这个规律将会付出高昂的成本。

一、二线城市有创新活力但生活紧张，三、四线城市不那么活跃但是生活悠闲、空气清新，建议把选择权留给个人。政府部门要尊重个人选择的权利、尊重人口流动规律，通过政策引导而不是限制来达成目标。当然，我们要配套措施，比如以居住证代替户口登记进行户籍制度改革，将户籍所承载的养老、医疗、子女升学、住房等公共服务逐渐过渡并且着力追求公共服务均等化。建议设立全国高考，户籍和学籍分离的学生可以参加，录取时单独给予录取名额，不占用户籍地生源名额。这样，依附在户籍上的高考福利就可以被化解。

城市化中的县域经济

在城市化新进程中，县域经济又该如何发展呢？根据《中国统计年鉴》截至2019年的数据，进城务工人员的规模在2014年之后基本维持稳定，跨县流动也在减少，返乡创业成为潮流，但乡村隐形失业仍然是一个问题。基于此，发展县域经济的正确新方向要从脱贫攻坚转向乡村振兴。即便未来中国的城市化率达到75%，仍然有3亿人居住在农村，这同样是一个很庞大的群体，也需要较高质量的非农就业机会。发展县域经济仍然要靠劳动力密集型产业，它们也是县域经济吸纳就业的主体。设想未来的中国农村，村庄应该成为宜居之所，县城经济将代替过去的乡镇经济，发挥公共设施、信息、人才等方面的集聚效应。同时，进县城买房与留在村庄居住达到平衡。而且，交通网络越来越便利，各种交通工具也伴随着农村居民的收入增加而普及或兴起，进城工作、生活都更便捷，农村地区的自来水等公共服务设施也在加强。

第五章　把握重要原则

坚定不移建设制造强国[①]

高质量发展是今后一段时间我国经济转型的方向。近年来,我国供给侧结构性改革取得了阶段性成果。国内消费的比重增加成为推动我国经济增长的主要动力,过剩产能大大减少,房地产库存不断消化,杠杆率快速上升的势头得到抑制。在这个节点上,中国经济迎来了供给侧结构性改革的2.0版本,其核心就是高质量发展。推动高质量发展从何入手?从世界范围的经验以及我国的具体实践来看,发展高质量的制造业是推动高质量发展的最重要抓手。

制造业高质量发展是一些国家跨越中等收入陷阱的重要动力

自第二次世界大战以来,世界上只有11个经济体跨越中等收入

[①] 本文写作于2019年8月,首发于《经济日报》。

陷阱，成功迈入了高收入国家的行列。在这些经济体的诸多共性中，制造业的发展是最显著的特征之一。在经济发展的早期，这些经济体都经历了持久和深入的工业化，并在进入中等收入之后20年至25年达到顶峰。此时，制造业就业比例达到35%，增加值达到国民生产总值的40%以上。在此之后，这些经济体开始去工业化过程，制造业的就业和增加值份额都开始下降，但是，制造业的劳动生产率继续保持上升势头，说明制造业的创新和升级仍然非常活跃。反观那些陷入中等收入陷阱的经济体，它们既没有彻底的工业化，也没有制造业的持续发展。制造业之所以是造成两类国家分野的主因之一，是因为以下几个原因。

首先，制造业是一个国家技术创新的源泉。制造业的部门很多，新产品层出不穷，旧产品的改进空间也很大，因此具备近乎无限的创新空间。反观资源产业和服务业，创新的空间就相对有限。资源产业发展到今天，其采掘技术已经非常成熟，进步空间很小。在这种情况下，丰富的资源往往不是一个国家或地区的福音，因为社会的注意力会集中在对资源的争夺上，由此极容易造成畸形的产业结构和腐败的风险。而服务业的技术进步空间也很小，容易形成过度的"创新"。比如，美国在20世纪90年代金融自由化之后，金融创新层出不穷，金融部门迅速膨胀，从而造成了整个经济的过度"金融化"，对实体经济造成了严重的挤压。中间技术的企业纷纷迁移到海外，制造业大幅萎缩，中间工作机会消失殆尽。

其次，制造业是高质量服务业发展的动力。在许多发展中国家，服务业的规模远大于制造业，但这不等于说它们的产业结构很完美。恰恰相反，这些国家的服务业都是像家政服务、餐饮这样的低端服务业，金融、保险、设计、咨询和教育这样的高端服务业比例很低。高端服务业一定是在国民收入达到一定水平之后出现的，而早期收入水平的提高只能由制造业提供。另一方面，制造业本身的发展也催生针对企业的高质量服务业。服务业的本质之一就是服务于制造业，没有成熟的制造业，就不可能有好的服务业。

最后，制造业是一个国家在国际市场竞争中保持领先地位的关键。保持国际竞争力不仅是为了把产品卖到别的国家去，更是为了提升本国经济创造附加值的能力，保持国内经济的稳定。许多发展中国家拥有很多的资源，却总是处于国际产业链的低端，陷入国际贸易分工的陷阱中不能自拔。究其原因，就是本国工业基础过于薄弱，无法生产高附加值的产品。另外，由于没有像样的工业，许多发展中国家不得不依赖进口提供民众的日常消费品，一旦出现国际市场供应紧张或本国货币贬值的情况，国内物价就会上涨。

中国推动制造业高质量发展恰逢其时

经过新中国成立以来前30年的艰苦奋斗和后40年的强力赶超，我国的工业化已经取得了巨大成就。我国制造业的增加值和出口产品价值均居世界首位，并且拥有世界上最齐全的工业门类和最大的产业大军，在一些高科技领域也已然进入世界第一阵营。与其他成功的经济体一样，在深入工业化之后，我国也进入了去工业化进程。但是，去工业化仅仅指的是工业就业和增加值份额下降，而不是说工业停止增长。恰恰相反，现在正是需要制造业实现高质量发展的时候。

与先进国家相比，我国制造业的质量仍然拥有巨大的提升空间。我国的人均收入仍然只是美国的 1/4 左右。我们没有必要因为这个差距而感到自愧弗如，过去 70 年的伟大成就告诉我们，我国有能力在短时间内缩小与发达国家之间的差距。

我国制造业高质量发展拥有巨大提升空间

制造业是强国之基，从根本上决定着一个国家的综合实力和国际竞争力。我国制造业高质量发展拥有巨大的提升空间，当前和今后一个时期，可从以下几方面入手推动制造业高质量发展。

第一是要发挥市场的作用。在工业化的高峰时期，制造业的发展路径是比较明确的，特别是在我国，出口是推动我国工业化的重要手段。因而，政府只要促进出口产业的发展就完成了一大半的任务。在工业化高峰过去之后，上大项目、搞大工程的时代结束了，精细化成为制造业转型升级的必由之路。在这个阶段，市场分散的挑选机制就能够发挥更大的作用。创新的最大特点是不确定性，而处理不确定性的最好办法是分散决策，因为分散决策不仅有利于收集信息，而且有利于降低失败之后的成本。

在这方面，德国和日本的经验值得我国借鉴。这两个国家在其他发达国家的制造业就业已经降到 10% 以下的时候，其制造业就业仍然在 25% 左右。尽管大企业在两个国家发挥着重要作用，但它们的制造业能够长期处于世界前沿，与其数不清的"隐形冠军"有很大关系。所谓"隐形冠军"，就是在一个细分领域走在世界前列，且在这个领域的国际市场上拥有占很大市场份额的中小企业。这些企业往往只给大企业做配套产品，因而不为公众所知晓，但它们是推动制造业技术进步的主力。它们最终能够成为冠军，完全是市场选择的结果。

我国也存在许多这样的"隐形冠军"，工业和信息化部以及一些省份每年都更新"隐形冠军"的统计。这是好事，可以促进社会对中小高精尖制造业企业的认识。但也要避免把发展"隐形冠军"作为政绩指标的倾向，以避免出现揠苗助长的现象。

第二是要做好对社会资金的引导，让资金流向实体经济。如何解决中小企业的融资问题是世界性的难题。我国政府已经多次出台政策，鼓励金融部门的资金向中小企业倾斜。这些政策取得了一些成效，但改进的空间仍然很大。必须认识到的是，中小企业的经营风险较高，解决中小企业融资问题要广开门路，在拓展融资渠道上多下功夫。一方面，要发挥市场的作用，适当鼓励金融创新，以分散的形式解决中小企业融资问题。另一方面，要利用新技术提供的机会，帮助银行提高控制风险的能力，从而促进它们对中小企业的贷款。比如，区块链技术可以实现对企业经营环节的全面监控，以区块链技术为底层架构的供应链金融可以大大降低对中小企业贷款的风险。

互联网和移动通信的发展极大地提高了民众生活的便利程度。在过去的几年里，在此基础上发展的经营模式创新层出不穷。然而，互联网热也导致"互联网焦虑"：一个企业如果不"触网"似乎就不先进、没有创新。社会上也弥漫着挣快钱的风气，资金都蜂拥到所谓的"风口"行业，反而造成极大的资金浪费。高质量发展目标的提出，起到了为创新正本清源的作用。各级政府应该利用这个机会，引导社会资本进入实体经济，投入到实实在在的产品创新上去。

第三是要做好科研成果的转化和人才的培养工作。在过去的20年里，我国的科研实力实现了快速的赶超，科研质量大大提高，但是科研成果的转化仍然是一个大问题。此外，尽管大学教育实现了大发展，但毕业生的结构无法满足实体经济的需求。在高等教育方面，对现有的高校进行分类，将部分高校转型为技术类大学是一个正确的方向。在过去的20年里，高校纷纷升级，都想成为研究型大学，这种倾向需要扭转。即使是在美国这样的高等教育大国，真正的研究型大学也就100多家。以此观之，我国1200多所高校当中，绝大多数应该转型为技术型或纯教学型大学。

第四是要为制造业的发展营造良好的政策环境。近年来，政府在这方面已经做了大量工作，特别是减税降费措施，切实地降低了制造业企业的成本。但是，减税是有限度的，政府还要在其他方面想办法。一是增加政策的稳定性，杜绝朝令夕改的现象。政府要集中精力稳定宏观经济，减少对经济的干预。二是专注于营造平等竞争的市场环境，慎重出台产业鼓励政策。我国的产业政策总体是成功的，但也出现了一些问题，"骗补"现象就是其中之一。三是制定切实可行的措施,稳定制造业的工人队伍。美国等国的"再工业化"之所以难以启动,其中最为重要的原因是这些国家已经没有多少人愿意从事工业生产了。我国也开始出现了这样的苗头,大量工人流出制造业,到收入更高的服务业工作。过去,工人的收入与技术员的收入差距不大,计件工人的工资甚至可以超过技术员的工资。而且,八级工制度给予工人较高的社会地位,让工人安心从事生产工作。为此,应鼓励大企业开办职业技校,建立新的工人职称体系,提升工人的社会地位。

制造业是我国的立国之本,高质量发展必须落实到制造业的转型升级上来。如果说供给侧结构性改革1.0版本的主要任务是完成经济结构调整,那么供给侧结构性改革的2.0版本就是要聚焦制造业的转型升级。在国际形势多变的今天,发展高质量制造业,提升我国经济的国际竞争力显得尤为重要。未来30年是我国实现第二个百年目标,成为现代化强国的关键时期,制造业在其中必然发挥中流砥柱的作用。

发展自主技术不要忘记两个重要原则[1]

"进口替代"战略不是中国独有

进口替代原是 20 世纪 50 年代世界银行对于发展中国家的一个标准的政策建议。

那个时代，世界分成两部分，一部分是发达国家，另一部分是发展中国家。当时出现的"依附理论"认为，发达国家处于中心地位，主导着技术进步，但是并没有惠及处于边缘的发展中国家，甚至也没有让发展中国家的原材料价格相对于发达国家的产品价格上升。因为通常来讲，技术进步越快的国家，生产的产品相对价格应该下降。由此引出的一个政策建议就是，发展中国家最好施行进口替代战略，即发展中国家也直接去做发达国家正在做的事情，自己生产机器设备，而不是根据比较优势，发展劳动密集型等相对低端，但相对发达国家有比较优势的产业。

可见，搞进口替代并不是中国人发明的，是当时世界银行对发展中国家的一个标准的政策建议。

实施进口替代的国家也不仅是中国，拉美国家、印度都在采取

---

[1] 本文为姚洋教授 2020 年 12 月在北大国发院第五届国家发展论坛上的演讲。

进口替代政策，当然相对而言中国做得比较好。我们在新中国成立前30年里至少建立起比较强大的工业基础，而且当时也的确把我们的工业水平推向了一个较高的高峰。

比如，当时关于造船有过一个争论，一方认为造船不如买船，买船不如租船。从经济学的角度来说，租船最便宜，就像现在航空公司很少买飞机，都是租飞机，因为便宜。但是另一方认为中国要自己造船，并得到实施。结果，今天世界上80%的船舶吨位都是中国生产的。如果那时候中国没有坚持自己造船，就没有我们今天的这种成就。这是搞进口替代的成功案例。

改革开放后的"进口替代"价值容易被低估

改革开放以后，进口替代的速度加快，而且成本更低。进口替代最主要的方式也变成了边干边学。凡是自己不能直接生产的高级产品，先进口再慢慢学着自己生产。

十多年前，我和我的一位博士后张晔写过一篇文章，后来这篇文章还获得孙冶方经济学奖。这篇文章指出，如果单看我们加工贸易的增加值，通常的意见是由于产业太低端、增加值很小，似乎不值得做。在金融危机最严重的时候甚至有人认为不应该再搞加工贸易，因为加工贸易两头在外，创造了太多的外贸盈余。但如果仔细看中国出口产品的增加值，会发现广东和全国其他地区不一样。广东作为先行者，早期的加工贸易增加值也是下降的，但坚持20年之后出现了V形反转，国内增加值开始提高，这就是进口替代。

在中国今天的加工贸易中，本土贡献的增加值已经占到40%左右。加工贸易不等于低附加值，更不是没有附加值，否则怎么可能创造这么多的外贸盈余？2014年之前，中国的外贸盈余都是来自加工贸易，这直接说明加工贸易是有用的。

我们要深刻地认识到，加工贸易不仅带来外贸盈余，而且让我们在加工和贸易的过程中学到很多东西，这是宝贵的知识和技术资本，同时又积累了巨额的资本，这些资本转化成更多更高级的机器设备，这就是鲜活的产业升级图谱。

不仅如此，中国的加工贸易还惠及全球，除了中国制造带来的成本优势惠及全球消费者，中国的制造业在开放的过程中和国外企业保持了交流，大家有分工合作，也是直接或间接的竞争。哪怕是竞争对手之间开会、研讨，争夺产业新标准，也会整体上提高全球的技术水平和经济紧密程度。

因此，开放促进进口替代，在开放的环境下搞进口替代仍然是中国最好、最便宜的产业升级途径，并对全球有益。

发展自主技术的两个关键问题

在今天这个节点上，关于自主技术有两个问题要深入思考。

第一个问题是Plan A和Plan B的关系。

我们搞自主技术的动因很大程度上源于美国对我们的技术封锁。

我们要做好积极的准备，但它是 Plan B，就像每辆车都有一个备胎一样。我在前文提到过，我们在20世纪60年代至70年代搞三线建设，把 Plan B 做成 Plan A，成本非常高。我们不能将所有的"卡脖子"技术都自己做了。如果以"卡脖子"作为标准，很容易把 Plan B 做成 Plan A。而且，中国经济的体量太大，一旦做成一项技术或产品，别的国家基本上就难有活路，经济问题进而可能转化为外交问题。

中美已经有不少经济问题被特朗普政府搞成了外交问题，特朗普把经济问题武器化了。我们一定要认识到，中国经济已经是非同寻常的体量，我们对世界的影响越来越大，国内的经济政策不仅仅影响我们自己的发展，而且也直接会影响外交，外交又会反作用回来。

在中美关系及自主技术问题上，我们应该有清醒的头脑，慎提举国体制。因为对于国际社会而言，他们可能觉得这是我们在主动地与世界脱钩。千万不要做成了外部没有和我们脱钩，而我们自己先主动脱钩，尤其是内心并不想脱钩，却表述错误，使自己陷入外交上的被动。

第二个问题是政府和市场的关系。

这是个老问题，但是在自主技术领域，这个问题变得更加突出。现在各级政府都在动员成立各种基金，争相发展自主技术，这样的做法能不能见效？我认为政府加大资金投入肯定能见效，但是不是最优的方式？这非常值得我们思考。

2018年和2019年的去杠杆，给金融领域造成了不良影响。自主技术领域其实也是同样的道理，但和金融不同的是，短期内看不出来有什么重大的代价，因为效率的下降有一个过程。问题是，5年、10年之后，我们就会发现，国家整体的技术进步速度反而没有以前快。

究其原因，是国有金融企业归属于政府，其目标不可能完全以利润为导向，而是兼顾多种职能。这时想靠它们把市场化的技术搞上去，不仅有难度，而且极有可能付出很大的代价，产生很多不必要的浪费，包括资源和时间的浪费。

当然，这不是要否定国有企业或举国体制的价值。中国的两弹一星等不少技术都是举国体制的伟大成就，包括我前面讲的造船，还有卫星发射技术等。但我们也一定不要忘记当时为发展这些技术不计成本。在特别关键的少数领域，举国体制、不计成本、国企为主都没有问题，但如果变成各级政府、各领域都以不计成本的思维投入自主技术突破，变成一种大面积的行动，恐怕就会带来惊人的浪费。

中国改革开放和世界发展的历史都证明，创新还是应该由市场来做，在分散的市场决策里做创新是目前为止人类探索出来的最有效方式。真正关键领域的自主创新一定是必要的，但要分清哪些必须由政府做，哪些完全可以交给市场做，也同样是必要的。

总之，中国今后的发展必须更多地依赖创新，发展自主技术是必然的、必要的，但一定不要把自主技术和开放、市场对立起来，而是要将二者紧密地统一起来。

中国该如何选择创新的路径[①]

过去 10 年，中国从两方面经历了非常重要的结构转型，一方面是从出口导向的增长模式转到以国内需求为主的增长模式。2010 年之前，中国的经济增长基本上是靠"三驾马车"，出口、房地产、其他各贡献中国经济增长的 1/3 左右。2012 年之后，出口对中国经济增长的贡献越来越低，国内需求大大增加。

另一方面的转变是中国工业化时代的高峰基本上过去。人类经济史有一个规律：工业增加值占 GDP 的比例和工业就业占全部就业的比例一般都先上升，峰值在 35% 左右，然后下降。中国的这一数据在 2010 年达到 35%，然后从 2012 年也开始缓慢下降。

上面这两个转型都说明我们外延式扩张的时代已经结束，今后要转向内生型发展。要实现这个转换，创新就一定要跟上。

从 0 到 1 的创新

说到创新，很多人只关注硅谷所谓的从 0 到 1 的创新。从 0 到 1 的创新是什么？苹果手机就很典型。苹果手机一出来，原来传统的手

[①] 本文为姚洋教授 2018 年 11 月 24 日在第四届中国制造强国论坛暨 2018 中国制造年度盛典上的演讲。

机基本上没有市场。2006年之前很有名的手机牌子，比如摩托罗拉、诺基亚等都因为苹果手机的创新而倒下。这就是从0到1的创新，它是颠覆性的，一个新产品出来使旧的产品完全被淘汰，美国多年都是从0到1创新的大国和引领者。

从0到1的创新优势是永远站在世界技术前沿，可以拿到巨额的垄断利润。智能手机品牌虽然已经发展到过百上千家，但苹果一家的利润就将近占所有智能手机企业利润的90%，尽管它的销量并不是最高的。剩下的华为、三星、小米等加起来也就占10%多一点。根本原因就是苹果在颠覆性创新上先行一步，功能和创新性一直领先，这就是从0到1创新的好处。

但是我们还要看到从0到1创新的另一面，即成本非常高。一个新产品出来，旧产品就要死去。它是创造性的，对传统产业是毁灭性的，毁灭的不仅是传统产品，还有对应的设备甚至产业带。美国经济靠从0到1的创新实现了持续增长，但主要增长都集中在西海岸、东海岸，加上中间创新能力较强的个别城市，剩下大部分地区没有多少发展。美国中西部的贫困超乎想象，这里的工作机会几乎全部被创新毁掉，因为从0到1的创新不培育中间产业，相应的工作机会自然也不会有。富士康即便在美国设厂，也找不到合格的工人，只能从中国招工人。

从0到1的创新走得太久以后，美国就缺少好的工作机会给到普通人，最终使美国形成了两极分化，大量的穷人和少数极其富有的人之间有一条巨大的鸿沟。

面对如此巨大的鸿沟，美国还能保持几十年的稳定，这在一定程度上和美国崇尚个人主义的文化有关。这种文化使得美国人从骨子里就接受自力更生，不能胜任被公司裁掉以后也没有太多怨言。当年我毕业的时候，母校威斯康星大学的化学专业世界领先，很多同学毕业以后踌躇满志，到最好的制药公司工作。但金融危机使有些同学被解雇。那还是10年前，大家也还年轻，能继续找工作。如今又有同学再次被解雇，50多岁的博士无法胜任高科技的工作，只能到超市应聘，干一些杂活儿。但他们没有发泄什么不满，而是认为成败由人、接受现实。中国文化是不是这样的？在我们国家，如果50多岁的博士去超市应聘收银员、理货员，能不能做到面对现实、无怨无悔？

我并不是说中国的文化不适合从0到1的创新，我们也有很多从0到1的创新优势和成果，我只是在启发大家一起思考中国是不是适合像美国一样只专注于从0到1的创新。

从1到N的创新

相比美国，德国和日本的创新模式更多是从1到N的创新。前文提到的默克公司就是这样一个例子。德国默克集团专注于手机屏幕的液晶研发和生产，全球75%的液晶都是默克公司生产的，它就把这个东西做到极致。默克公司已经有300年历史，到今天一直做得非常好。

德国人知道他们和美国竞争互联网和芯片领域没有优势，因此采取差异化的创新战略，推出工业 4.0，为自己的传统制造业插上翅膀，进行柔性生产，不求技术大突破，只专注于一个接一个的微创新和优化，然后把一类产品做到世界最好，从而占领全球市场。这就是德国模式。德国的自主主义属于秩序自由主义，先把秩序搞好，在秩序基础上追求自由。因此，整个德国社会也很稳定和谐。到今天，德国的工业就业仍然占全部就业的 25%，美国的这一比例不到 10%。

中国创新道路的选择

中国接下来一定要做好创新，但我们的创新之路一定要想好。在选择时我们要直面现实，好好地理解一下我们自己的民族性，要想清楚我们到底是个人主义还是集体主义更多一点。我个人的观察是，中国人的心理跨度很大，个人主义和集体主义都有。

一些成功的企业家从某种意义上说就是典型的个人主义英雄，虽然他们背后也有强大的团队，但不可否认他们有很卓越的企业家才华。我相信绝大多数中国人都会觉得这样的企业家拥有巨额的个人财富是理所应得的，我们这个民族有认同和推崇个人主义的一面。

但与此同时，我们对集体主义也有很高的认同和推崇。央企领导不用说，很多民营企业家在谈到企业发展时，也都把为国争光放在前面。我们习惯于从大到小，先有国后有家的思维，尊重权威、报效国家、不喜欢思辨、追求和谐，这也是我们骨子里的文化。

因此，中国接下来走一条什么样的创新之路，要和自己的文化传统结合起来。对于具体的技术路线选择，有两个维度参考：一个是历史维度，一个是地理维度。

先说历史维度。我们20世纪50年代就开始搞农业优先发展战略，对这个战略的批评很多。但客观地说，对此的看法也应该一分为二：我们既犯了很多错误，浪费了很多资源，但也在新中国成立后的前30年因为农业优先发展战略给工业打下了良好的基础。

我自己和家人都曾在西安电力机械制造公司工作，这是一家1956年建立的公司，是当时苏联援建中国的156个项目之一，直到今天仍然是我们国家输电设备行业的脊梁。在改革开放之初，中国推行出口导向战略，因为当时我们按比较优势发展就应该暂时放弃重工业，大力发展出口加工业和比较优势明显的劳动力密集产业。但历史在不断进步，经过20年发展，中国服装鞋帽类劳动密集型产品的出口占比达到顶峰以后直线下降，如今占出口的比重已经不到10%。相反，电子产品出口占比上升到30%，机械产品出口占比上升到40%。40年走了一个轮回。其实，我们还有一些重工业比西方企业做得更好，比如济南二机床厂。这也是一家纯国企，销售额并不是特别高，每年不到100亿元，但它非常专注于技术研发和创新，不搞规模扩张，把数控机床做到了极致。尤其是汽车的冲压机床，其产品如今可以打败德国、日本的对手，出口到美国。过去，我们是买别人的机器设备，别人派工人到中国来安装调试。如今，济南二机床厂把产品出口到美国福特公司，派工人到美国帮他们组装，教美国工人运转机器。这个机器还插上了互联网的翅膀，配备了远程监控，有小毛病在济南就能通过工程师远程解决，大问题再派人过去。中国这样的企业其实并不少，只是没有人挖掘它们。

再说地理维度。我们有适合从 0 到 1 创新的地方，深圳、杭州、苏州都有潜力成为世界的创新中心，但是绝大多数地方还是做从 1 到 N 的创新。即便整个世界都在经历第四次工业革命，也还是要有人生产钢铁、轮船，这是我们的优势，不应该丢掉。在中西部地区，劳动力密集型的行业也还有生存的基础。三、四线城市很难在创新上和深圳看齐，也没有必要这么做。如果三、四线城市非要在从 0 到 1 的创新上发力，那深圳干什么？中国有 960 万平方公里的土地，有不同的经济发展水平和亚文化，没有必要每个企业、每个地区都搞从 0 到 1 的创新，都去冲击世界最前沿。前文我多次提到的我的家乡江西新干县就是这方面的一个例子。

如果从历史和地理两个维度考虑中国的创新选择，我们首先会发现一个事实：中国是一个巨型国家。过去，我们一直都在检讨自己，觉得自己这也做得不够，那也不够。以中国企业在世界 500 强中的数量为例，我们 10 年前和 10 年后有很大差别，可在数量上赶上来之后，我们又开始抱怨大而不强。如果中国在 500 强榜单上既多又强，世界其他国家该如何应对中国？我们现在人均 GDP 刚刚 9000 美元，就想把人家人均 GDP 5 万美元国家的事情都做好，别人一定想办法控制中国，以保持自己的发展机会。

如开头所讲，我们已经出现两大转变，今后的发展迫切需要我们正视创新，但创新一定要正视自己的历史与地理，一定要从自己的文化出发，选择一条适合自己的创新之路。从 0 到 1 的创新要做，从 1 到 N 的创新也一样要重视。每个地方根据自己的阶段和特质，都一步一个脚印把现在的事情做好才是我们最好的路。如果从新中国成立 70 年的角度来思考，我们走过一段弯路。但总体而言，改革开放又让我们回到了正确的路上，改革开放以后的这条路走得非常踏实、非常正确，要好好走下去。

政府要减少创新陪练，多谋中长期公共服务[①]

总结改革开放 40 周年，不仅要总结过去做对了什么，更要展望下一步应该做什么。

十九大报告提出，中国社会的主要矛盾已经发生变化，不再是人民群众日益增长的物质文化需求和落后生产力之间的矛盾，而是人民日益增长的美好生活需求和不平衡、不充分发展之间的矛盾。这个提法非常新颖，也很有深意。

理解过去的成功

如何去理解新的矛盾提法，怎样进行下一步改革？首先需要稍微回顾过去的成功道路。过去三四十年里，政府在经济发展方面发挥了很大作用，乃至在中华人民共和国成立这 70 年里，政府都做了大量的工作，尤其是在资本积累方面，成就卓著。

蔡昉教授讲过，保罗·克鲁格曼（Paul R. Krugman）这一批新的经济学家认为资本积累没这么重要，有些国家也接受这个观点，不去搞资本积累，结果失败得一塌糊涂。比如说巴西的国民储蓄率只有

[①] 本文为姚洋教授 2017 年 12 月在北大国发院第二届国家发展论坛上的演讲。

15%，美国仍保持在 18% 到 20%。要知道，巴西比美国的收入低太多，在总量很小的情况下，储蓄率还这么低，怎么能够缩小和美国的差距？

中国在过去 70 年里做对的事情，归根到底就是资本积累，我们做的每一件事情都在加速资本积累。我国在 20 世纪 90 年代后开始搞出口导向模式，用各种手段进行资本积累。事实证明，这条路走对了。当然，我们也为此牺牲了很多。

资本积累的成功，背后有很多要素，其中一个就是蔡昉教授指出的人口红利。人口红利对我国的资本积累做出了巨大贡献，事实上，我们的人口红利对全世界的资本积累都做出了巨大贡献。20 世纪 90 年代以来，世界上发生的其中一个重大变化就是参与全球化的劳动力数量增加一倍，主要就是因为中国和印度参与了全球化的进程。中印劳动力加入进来后，全世界的价格水平都被压低了，全球化的成果转化成了各国的积累，中国的积累当然是最多的。

政府的战略转变

下一步，中国政府应该做什么？

回到我国发展不平衡、不充分的问题上来，我个人觉得最大的转变还是政府转型。我国政府把太多的精力花在了生产上面，前 40 年可能是成功的，往后要解决不平衡、不充分发展的问题，政府不能再把那么大的精力放在经济增长上。

政府眼下为了增长，正把很大精力转到创新上来。很多地方政府不能从银行借钱，就开始想新的办法，披上新马甲，比如搞引导基金，本质上又在做企业式的投资。

但真正的创新是否可以由政府来做呢？我自己认为要看阶段、看地域。在沿海地区，我们的创新已经赶上，甚至超过部分发达国家的水平，政府是否还需继续大力投入？政府在中西部地区或许还能发挥作用，但真正的创新由政府来做是不合适的。

原因我在前文讲过，投资成功的概率很低，政府去投资成功率这么低的创新活动就不太合适。

政府一方面是谋求经济持续增长，另一方面也是担心中国的创新有问题。事实上，中国创新没有问题，这主要基于以下两个原因。

一方面，我们的资金已经非常雄厚，也许大家看不起出口加工业，但是出口加工业毕竟给中国带来了海量的储蓄，今天这些储蓄正在起作用。20年前，我到美国去参观一个朋友的化学实验室，他给我拿出一个试管，说里面的试剂每一支2000美元。当时我想我们不可能追上美国，但今天中国有钱，就可以做到。

另一方面，我们的教育水平也不错。有人说我们教育水平不行，教育制度不行，从中学开始就搞应试教育，没有创造力。大家注意到没有，网上曾传一个帖子，叫《北大数学学院的黄金一代》。2000级北大数院的学生们就是应试教育出来的，从高中就搞数学奥林匹克竞赛，在全世界得奖，这批人现在已经出来了，他们将要改写数论、几何方面的历史，这是我们国家的强项。

日本仅在本世纪就已经有17人获得诺贝尔奖。要知道，日本的教育比中国还要严厉。我在中国做老师，学生都踊跃发言挑战老师。到日本去，没有一个学生敢提问题，他们怕提错问题。日本已经有17个诺贝尔奖获得者，这17个人的工作绝大部分是在20世纪70年代和80年代完成的，等于是中国的现在。所以中国未来的创新真不需要政府去操心。政府操心反倒不好，而且造成很多浪费。

中国人民银行行长易纲讲到政府的一些管理体制正在转型，比如全面实施负面清单管理制度，这就非常振奋人心，这是过去十来年大家一直在推动的事情。政府愿意去做这件事情，是非常大的一个进步。黄季焜提到农业也是同样的问题，政府为保证粮食生产进行补贴并没有产生一个好的结果。

从过度追求效率到多元并进

政府究竟要做什么？

我的建议是政府首先要转变观念。政府转型都说了20多年，一直没有转到位，就是观念没有转过来。过去的观念是基于中国穷，勒紧裤腰带也要赶上去。前30年勒紧裤腰带，到了后面30年，还是用各种手段让大家勒紧裤腰带。比如固定汇率政策就是用于补贴出口，让大家少消费一点、多储蓄一点，用各种各样的办法让大家勒紧裤腰带。过去穷，所以要勤劳致富，可我们今天仍然在沿用过去的做法。

不论节假日都在工作，这恰恰是中国过去几十年进步的原动力，每一个人都在追求，这是中国的长项。但未来恐怕要转变思路，是不是应该提倡适度的享受，大家都稍微停一停，适度享受一下。知易行难，在观念上从勤劳致富转变为适度享受是很难的。

我每次讲这个问题，都会立即有人挑战：这怎么能增进效率呢？什么是效率？效率就是经济增长。那什么叫适度享受呢？适度享受应该是美好生活的一部分。我觉得未来至少到2035年，也就是我们第一个百年目标的中期目标，应该完成这样一些事情：

第一是把环保搞好，让环境恢复到1980年的水平。用17年的时间应该是大有希望做到的，现在北京的蓝天天数就在明显增加，当然付出很大。其实我们国家最污染的行业是农业，而且是看不见的污染，水体都被污染了。所以，应该减少一点农业污染，在全球范围内谋划粮食资源和水资源。

第二是做好社保。现在有一种说法，把个人账户变成现收现付。60后和70后因为婴儿潮，人数众多，20年后如果还采用现收现付，社保绝对无力承担。所以在有钱的时候应该多补充社保，把个人账户做实，建立养老账户，建立养老基金，让老百姓自己去投资。这个工作量也非常大，农村地区到现在还没有养老保险。

第三是进行城乡一体化。中国农村和城市直到今天也仍然是两个世界。我多年研究农村、农业问题，中国农村最大的问题是社会问题、政治问题，整个社会管理机制被瓦解了，谁都不提供公共服务。城乡一体化说了将近20年，但基本上没有推进。在未来17年里，能否完成城乡一体化是一个挑战。

第四是把义务教育改为12年。据北大独立调查，农村地区当前最年轻的这一代人都没有完成初中教育。教育部已经提出来一个目标，要推进普通高中的教育。能否用15年的时间普及高中教育，把义务教育变成12年？

中国未来所面临的挑战不是劳动力供给不足，而是劳动力质量不够，最终劳动力会被AI全部替代，这是我们这一代人面临的一个大风险。提高年青一代的教育水平以适应新时代，恐怕是政府最应该做的。

总而言之，在过去40年乃至70年里，中国政府做得相当成功，但要保证在下一个15年、30年里做得更加成功，政府的转型就是必要的！

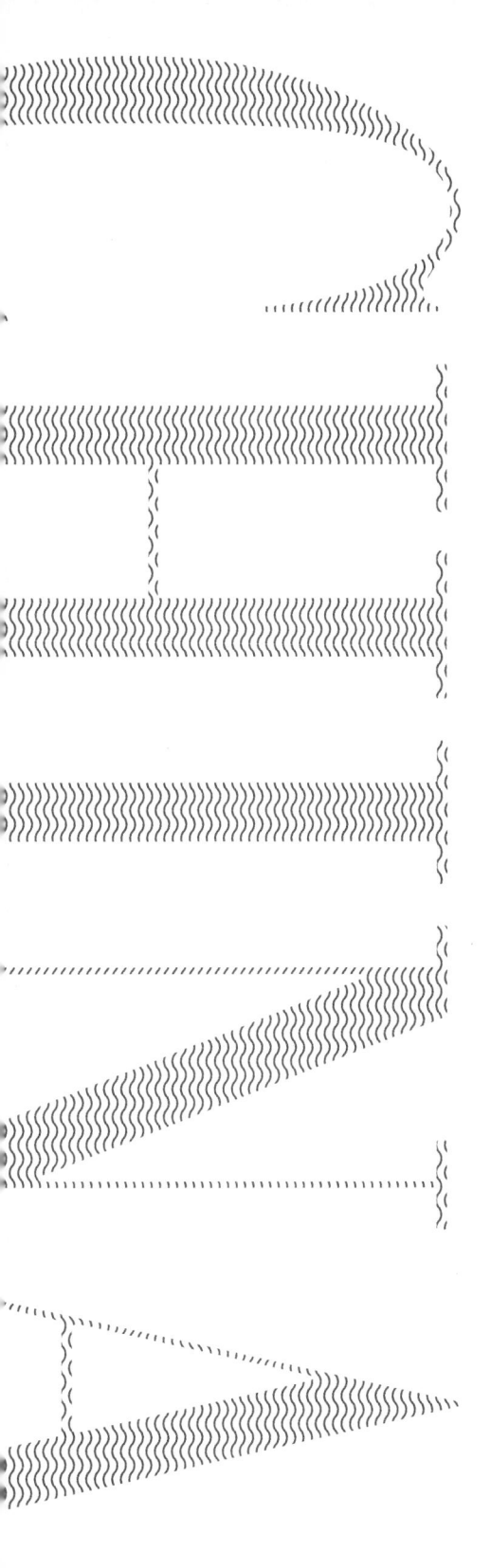

第三部分

读懂中国经济的制度基础

第六章　国家治理的历史智慧

中国古代政治对当代国家治理的启示[①]

我关心古代政治，缘起于十多年前。当时，我开始着力研究中国当代政治经济学，给自己定的任务是解释中国经济增长的原因。研究之后，我发现中国的成功在很大程度上和儒家有关。当代中国的很多做法，特别是人才选拔制度同儒家提倡的办法有很多相通之处。所以我的研究有点追根溯源，因为要理解当代制度而追溯儒家。

这里先说明一下，我说的儒家是指经典的、先秦的儒家，而不是宋明理学之后的儒家。一般认为，宋明理学对于先秦经典儒学有继承，也有发展，但同时也掺入了很多道学和佛学等思想，因此宋明理学又被称为"新儒学"，其突出特点是转入内心，把儒学变成内省的心学。

---

① 本文为姚洋教授 2020 年 3 月北大国发院"国家发展系列讲座"第一讲的整理。

中国历史的政治阶段划分

如果给中国历史上的政治制度分阶段，可将春秋时期的分封制作为第一阶段，即所谓的封建制社会。事实上，封建社会在秦统一中国之后就开始消亡。春秋时代贵族政治盛行，各个诸侯国的君主基本符合英国《大宪章》里对国王的定义：君主是和贵族一样的人，只不过是贵族中的第一个。

接下来，秦朝建立了大一统的官僚帝制："化家为国。"在此之前，各诸侯国是相对独立的君主国，"化家为国"之后，维护社会政治秩序成为整个大一统国家的目标之一，这是一个非常大的变化。

汉唐是官僚帝制成形时期，汉代建立了官僚体系，唐代进一步完善。

北宋和汉唐又不太一样，很大程度上是一种君臣共治，士大夫的地位非常高，而且台谏之风盛行。台谏制即北宋时期设御史台和谏院，谏官和言官同时监督皇帝、宰相和几乎整个官场，行使着如今纪监委的权力。

南宋时期是中国政治、文化和社会走向封闭，并最终走向衰落的一个转折点。美籍华裔历史学家刘子健先生认为，自宋朝开始，中国向内转。

明清时期是我们国家政治的倒退时期。明代废相，开始抑制士大夫，搞专制；清朝完全是一种"黑暗"政治，和汉唐做法刚好相反，是"化国为家"，又全面倒退回了专制。

总的来看，从秦以来两千年的历史，北宋刚好在中间这个时间段。前面的一千年，整个中国处于上升期。北宋之后，中国开始走下坡路，到清末几乎将前一千年的成就抹杀掉。

下面，我们分别来看各个时期的政治。

春秋：分封制的贵族政治时代

春秋时期是贵族政治，周以前的商朝没有分封制。商的统治区域在如今河南省一带，首都变过很多次，维护统治的方式很血腥，通过征服周边小国进而盘剥它们。商所处的时代，希腊的雅典、斯巴达等同样是获胜的城邦盘剥其他失败者。

周朝的统治比较温和，发明了分封制。这里有两个关键字："封"和"建"。"封"是分封，主要是天子把自己的兄弟、子侄分封到外地，如周公旦就被分封到鲁国。"建"是天子的兄弟或子侄在封地建立自己的小国家。合起来就叫"封建"。

真正的封建时代是西周，东周"封"和"建"都比较少，因为东周已经非常弱。各诸侯国照搬前代，分封自己的兄弟子侄，但是不像西周地广人稀。西周持续 200 年，疆域可以封得过来，东周持续近 600 年，一直分封下去就会出问题。

东周时期，王公贵族子嗣实在是太多，特别是那时允许一夫多妻，子子孙孙都能分家产。生育子嗣多的王公贵族很快就会变得越来越弱，而那些节制生育，或不幸子嗣很少的贵族反倒变得相对强大，最终得以挑战王公。比如，鲁桓公的三个兄弟到孔子时代已完全掌控鲁国政治，鲁国国君反倒非常弱，一直灭不掉鲁桓公的兄弟们，最后只好自己逃亡，客死齐国。王公和诸侯国国君本质上都是一个家族的兄弟，区别不大。王公和贵族在自己的封邑里靠家臣管理，家臣最后演变成官僚体系。

到春秋时期，很多贵族根本没办法再分封，后代渐渐没落，但仍是贵族，被称为士，即没有封邑的贵族，孔子就是这个身份。孔母颜徵在是平民，孔父是从宋国避难到鲁的贵族。宋国是殷商封地，周征服商王朝，但并没有灭掉商王族，还给了他们封地。所以从血缘来讲，孔子是商贵族的后代。孔子跟母亲生活到15岁，母亲去世后，他把母亲棺椁停在曲阜城东的大路"五父之衢"上，最后获得孔家承认，确认了贵族身份。但贵族又分士和大夫，孔子是士，不是大夫。孔子晚年病重离世前，子贡等弟子演练孔子的葬礼，要以大夫的身份厚葬孔子，被孔子制止，最终以士的身份下葬。

士在中国古代社会非常重要。战国时代，他们奔走于各国之间，有些人官至宰相，比如李斯。中国有所谓士大夫之称，其实是指走向仕途的士。钱穆先生说，中国古代政治实际是士人政治，他主要指的是汉唐和宋代。明代士大夫开始弱化，到清朝基本消失。

秦：统一中国和确立官僚帝制，"化家为国"

秦代确立帝制，皇帝是国家的象征并且帝位世袭。当时的世界，像雅典那样实行民主制度的凤毛麟角，绝大多数区域采用的都是世袭帝制。世袭帝制的好处是可以避免无谓争斗，皇帝要么传位给嫡长子，要么指定太子接班，其他人别争，这样能保证和平相处。

除此之外，秦朝已经意识到行政管理的重要性，李斯建议秦始皇设立郡县，从上而下形成一套官僚体系来管理整个国家。马克斯·韦伯早就说过，官僚制是现代国家的主要标志之一，这个判断标准到今天依然适用。

由是观之，中国是第一个建立现代国家雏形的国家。这个观点会颠覆我们对中国两千年专制制度的认知，但钱穆先生很早就对中国建立这种官僚帝制赞赏有加。而且自秦始，国家机器不再只为帝王一人服务，而主要是建立全社会的政治秩序，这就是所谓的"化家为国"，这一理念在当时同样非常先进。

《耶路撒冷三千年》中记载，为了占领耶路撒冷称王，人们打来打去，毫无社会秩序可言，也没有固定的国家疆界。所谓的国家就是这个帝王的国家，所有阶级都是为帝王一人服务。秦统一中国，设立郡县则不一样，这属于"化家为国"，开始真正有了国的概念，同时注重为社会建立政治秩序。

秦统一的是非常辽阔的疆域，如何建立一套官僚体制？李斯提出"车同轨、书同文、语同音"。"车同轨"，车辙压出来的路也就有了规制，车因此能跑得更快更远，时间缩短，世界变小，统治更容易；"书同文、语同音"有助于减少交流障碍，否则中国的统一非常困难。

钱穆先生有"中华文明早熟论"的说法。原意是说，中国过早建立了现代国家的形态。为什么说"过早"建立？一方面，人类当时的智识水平根本没有达到建立现代国家形态的程度；另一方面，中国最终走入了专制的死胡同，因为我们还没有意识到怎么管理一个现代国家。

在我看来，"中华文明早熟"还有另外一层含义，就是封建制度早于其他文明建立，也早于其他文明停止。

对比同期欧洲历史看，欧洲中世纪的历史也是一段分封史，但国王对下面的小封建主管理很差。不过这有个好处，当现代化开始时，这些小封建主、小贵族反倒成为反对王权的一个重要牵制力量。

中国很早就进入官僚帝制，延续两千年后发现没有一个强有力的对手能够打败帝制、引进民主，很多人受帝制的影响根深蒂固。英国、日本在现代化的国家进程中，阻力都比中国小。17世纪的英国革命持续四五十年，宗教和贵族是反对国王的重要力量；日本明治维新是自下而上的，最终逼迫幕府大政奉还，比较容易地过渡到了现代文明。

汉唐：落实"化家为国"，完善官僚帝制

西汉君权和政府分离非常清楚，皇帝当然是国家的代表，但管理这个国家靠"三公九卿"。"三公"之中，宰相主管行政，太尉主管军事，御史大夫主管监督官员。"九卿"是中央其他官员。"三公"位阶当然比"九卿"更高。在西汉，"三公九卿"去见皇帝都不用特别行礼，当时没有椅子，大家都是盘腿跪坐，大家给皇帝鞠躬就行，然后皇帝鞠躬回礼。

西汉已经建立察举制度，太学也真正成为培养人才的地方，贵族和平民子弟都可以入学。不过，贵族继承了一些春秋的传统，享有一些优待，比如贵族太学毕业就可以到皇帝身边去做侍郎，平民子弟如果毕业考甲科也能跟贵族一样，如果考了乙科就得回到原籍做吏，当然也有再次擢升的机会。

同时，西汉还有"乡举里选"制，"举孝廉"主要是推举孝子和太学出身的廉吏。此外还有"考课制度"，是指皇帝派钦差大臣考察地方官员，做得好的奖励提拔，中等的调往别处历练，差的降级，和我们现在差不多。

可惜"乡举里选"制到东汉演变成门阀制度，这也是为什么隋代要开科举。

钱穆先生谈到汉代荐举制度说："中国政治上的传统观念，对一意见之从违抉择，往往并不取决于多数，如西方所谓之民主精神。而中国人传统，则常求取决于贤人。春秋时即有'贤均从众'之说（见《左传》）。哪一人贤，就采纳哪一人的意见，假若双方均贤，则再来取决于多数。贤属质，众属量，中国传统重质不重量。中国人认为只要其人是贤者，就能够代表多数。不贤而仅凭数量，是无足轻重的。"

可见，汉代是一种贤人政治，从太学的人才培养和任用，到"乡举里选"举孝廉，甚至"考课制度"对地方官员的考评，都是以贤荐贤。

唐代把相权进一步扩大和完善，对科举也进一步完善。相权被一分为三，分成中书、门下、尚书三省。中书省最重要，负责给皇帝拟定诏书。门下省负责审核诏书，起到监察作用，不同意可以打回去，称为"封驳"。尚书省是执行部门，辖六部。

在门下省同意之后，皇帝要在诏书上签敕（即朱批），然后加盖中书门下之印才算生效。所以，皇帝想任性在唐朝比较难，因为没有中书门下之印，敕令就不合法。

唐中宗时期，凡是未经门下省的诏书，皇帝都是用黑笔而不是用红笔来签字，诏书的封口也不敢用正封而是用斜封，这样的诏书当时被称为"斜封墨敕"。因此，没有经过中书省和门下省审核而被皇帝任命的官员被称为"斜封官"，虽然皇帝认同，但在官场抬不起头。

唐代的科举考试和宋代及以后不同，唐代的科举考试科目特别多，宋代及以后变成了进士一科独大。如果更准确地评价科举制度，它不单是一个考试制度，还是整个帝制的一部分。因为想让官僚帝制运转起来就需要很多官员，科举制为官僚帝制输送了大量人才。

北宋：中国现代性的拂晓时分

吴钩先生有一本研究宋代的著作，名为《宋：现代的拂晓时辰》，为什么称宋代为中国现代的拂晓呢？宋代确有很多特别之处，第一个就是宋代的道统、规训。在宋代，道理最大，皇帝并不是最大的。

沈括在《梦溪续笔谈》中，记录了宋太祖赵匡胤和宰相赵普这样一段对话："太祖皇帝尝问赵普曰：'天下何物最大？'普熟思未答。再问如前，普对曰：'道理最大。'上屡称善。"当着皇帝的面说道理最大，而不是皇帝最大。宋明理学的创建者程颐也有一句话，"天下治乱系宰相，君德成就责经筵"，意思是说皇帝不要管一个国家的日常运行，天下能不能治好，那是宰相的责任，君主德行的高低，责任在经筵官。

宋代为皇帝讲儒家思想的儒家学者即经筵官。程颐做经筵官时，要坐着而不是站着讲课，他的理由是："臣窃见经筵臣僚，侍者坐而讲者独立，于理为悖。欲乞今后特令坐讲，不惟义理为顺，以养主上尊儒重道之心。"说得理直气壮。

可见，北宋是士大夫的黄金时代，士大夫也在北宋开始自我觉醒。经历南北朝动荡，唐朝引入了佛教，并以佛教为主，儒学地位下降。北宋时代，儒学重新兴起，士大夫地位空前提高。"先天下之忧而忧，后天下之乐而乐"，只有宋代的士大夫才能说出这样的话。

相比汉唐，宋代还进一步实现了"化家为国"的理念。南宋御史方庭实曾谏言宋高宗："天下者，中国之天下，祖宗之天下，群臣、万姓、三军之天下，非陛下之天下。"他当着宋高宗的面慷慨激昂，可见宋代形成了一种君臣共治的信念。

在宋代，君权有所增加，相权有所分散，但这不意味着皇帝可以乱来。实际上，封驳非常多见，御史台的地位上升非常高，不仅监督百官，也进谏皇帝。包拯当御史时，由于反对仁宗的一个任命，吐沫星子都喷到了仁宗脸上，仁宗回到后庭才敢擦。王安石变法之后，宋代的台谏之风恶化了北宋的政治生态，导致党争过头，酿成不少冤案，如苏轼的乌台诗案。但是，如果以现代人的眼光来看，台谏、党争可能也是民主政治的一个标志？事实上，党争在北宋还处于君子之争，就事论事，争论双方台上互相打压，私下仍是好友，如司马光和王安石。

北宋还是科举取士最多的朝代，每一次殿试，进士有三四百人之多。当然，后来这也成为一个问题，官太多，养不起。不仅如此，宋代科举不再给贵族留名额，唐代的时候还给贵族留一些名额。因此，宋代真正实现了平民子弟"朝为田舍郎，暮登天子堂"的愿望，平民子弟因此心情舒畅，指点江山、激扬文字。宋代官员的俸禄也是几千年里最高的，宰相的年俸大概相当于现在的300万元。

如何对待士大夫甚至被宋太祖写进祖宗家训。据说宋太祖赵匡胤立了这样一块誓碑："柴氏子孙有罪，不得加刑，纵犯谋逆，止于狱中赐尽，不得市曹刑戮，亦不得连坐支属。不得杀士大夫及上书言事人。子孙有渝此誓者，天必殛之。"宋代历代皇帝上任，都要念这块碑。北宋还真没有杀过一个士大夫或者上书言事之人，南宋也很少杀。

宋神宗时期遭遇西夏战事失利，因为文官管军事容易战败。神宗特别生气，想杀一个转运使解气。门下侍郎章惇反对，神宗也只能改成刺字发配，章惇说这还不如把他杀了。神宗问何故，章惇回答："士可杀，不可辱！"神宗只好作罢，声色俱厉地抱怨道："快意事更做不得一件！"章惇的回答也很干脆："此等快意事，不做也罢！"

宋太祖的祖宗家训，是不是也有英国《大宪章》的意义？《大宪章》被认为是英国走向宪政的重要文献，但实际上是国王和贵族之间签订的限制国王恣意妄为的协议。这个协议几百年间并没有得到国王的尊重，直到1688年光荣革命之后，吸收《大宪章》的思想撰写出《权利法案》，《大宪章》的地位才被抬得很高。

当然，宋太祖誓碑是个单方、自愿的约束，但如果大家都相信并遵守了这个约束，它最后是不是也可以成为一种契约？这值得探讨。

宋代也已经有了法治的概念。我们都以为古代没有法治，但是南宋陈亮是讲法制的代表，他说："人心之多私，而以法为公，此天下之大势所以趋于法而不可御也。"他还说："举天下一听于法，而贤智不得以展布四体，奸宄亦不得以自肆其所欲为。"这听起来是不是很像清末民初一个受过西学影响的变法人士所言？

明清：士大夫衰落，再度"化国为家"

如刘子健先生所言，南宋开始，中国转向内在，表现为理学成为官方学说，文化开始僵化，女性从小被要求缠足等等。中国为什么在南宋转向内在？

竺可桢先生曾统计中国三千年历史里的气候变化，后人在此基础上加上了他身后的气候情况，最终绘制成一条气候变化曲线。这条曲线显示，中国在三千年历史中共经历过两次大降温，一次是三国至南北朝400多年，再一次是宋代末期直到明清。每次降温都是北方游牧民族入侵中原的时候。

北宋末期遇到女真人入侵，江山大变。对士大夫来说，比如朱熹，看到江山沦丧一半，君臣暮气沉沉，他作为一个儒家学者走向内心恐怕是无奈之选。崖山之战后，陆秀夫背着小皇帝投海，10万军民跟着以身殉国。从文化意义上说，中华文明的巅峰已过。

明朝朱元璋撤掉了宰相之位，虽然国家还是依靠大臣治理，但士大夫的地位一落千丈。从元代开始，士大夫见皇帝都得下跪。明代还有一个特别坏的制度，就是廷杖，让士大夫颜面尽失。明朝官员谁敢反对皇帝，就要拉出午门廷杖，有两次100多人集体被打，十几个人被当场打死。据统计，明朝300来年发生廷杖事件500多起。

清朝进一步"化国为家"，国家是皇帝一人的国家，没有宰相，也没有内阁。明朝好歹还有内阁，到了清朝就再没有士大夫，都成了皇帝的奴才，"文字狱"更是万马齐喑。清朝的皇帝一个比一个勤奋，他们就要一人独断。乾隆就说过："乾纲独断，乃本朝家法。自皇祖皇考以来，一切用人听言大权，从未旁假。"这就是清朝黑暗的政治。

以史为鉴，古代政治给我们的启示

古代政治对我们当代到底有什么启示？

首先，中国古代政治没那么黑暗，从春秋到北宋实际上是中华文明的上升期，也是政治文明的上升期。我们开创了现代国家的雏形，"化家为国"，以建立政治秩序作为国家治理的目标，还有权力的制衡，君权和相权分离并且相互制衡。宋代儒家政治更是达到一个前所未有的高度。儒家政治是不是有个理想原型？是不是可以和民主政治的理想原型互补？民主政治强调人与人之间的平等契约，还有法治、权力的制衡。儒家强调官员的德行、政治秩序，还有社会的融洽，这两者不是刚好互补吗？

以法治为例，我们需要加强法治，但法制永远不可能完备。2016年，哈佛大学经济学教授奥利弗·哈特（Oliver Hart）就是凭借不完全契约理论获得诺贝尔奖。既然法律是不可能完备的，这时候恐怕还得靠官员的德行，如果官员无德无行，有法律也没有用。

儒家的理想原型是从人性论出发，相信人性是多样的、流变的、可塑的。孔子就说，人生而不同，唯上智和下愚不移，但是中人可教，而且有教无类。孟子也说，"人皆可以为尧舜"，但这是指潜能，要通过后天修炼才能成。荀子的学说在我看来属于环境说："居楚而楚，居越而越，居夏而夏，是非天性也，积靡使然也。"

儒家主张统治者施仁政，仁者爱人，就是民本主义，此乃儒家的政治原则之首。百姓和秩序是统治的最终目标，但是儒家政治和民主政治不一样，儒家政治讲究层级，这是社会治理必要的。但谁能进入层级需要选贤任能的标准，贤能等级高就可以获得高层级的职位，儒家非常相信这一点，我们古代政治也是这么实施的。而且，儒家政治里每个层级都是开放的，但开放不是说随便谁都可以进，而是必须具备进入层级的资质，一级一级往上走。

如果说儒家有个理想结构，以现在的观念来看，可能有四个部分：首先是主权机构，它是一个民选机构，掌握国家主权；其次是中央机构，负责决策和选拔人才，向主权机构负责；再次是政府机构，管理国家日常行政，向主权机构负责；最后是谏言机构，监督上述三个机构。古代政治除了没有主权机构，其他三个其实都有。即使没有主权机构，台谏制度对中央机构和政府都有很大的约束力。

研究中国40多年改革开放的历史，我认为中国或中国共产党成功的一个很重要的方面就是回归中国，特别是融合儒家精华。

最后，我们还应该超越中国，进一步思考和研究全球文明。尽管这个话题今天看起来还有点遥远。

回首人类的文明史，公元前600年到公元前200年是人类历史的一个轴心时代，那时候的人类文明群星灿烂。钱穆先生说，三大古文明中，印度文明产生了第一个宗教——佛教，试图回答"我是谁"的问题；希腊文明试图回答"如何征服自然"的问题，产生了科学；中华文明试图回答"如何活在当下"的问题，所以我们创造了官僚帝制。

可以想见，未来肯定会出现一个全球文明。全球文明不是说一个文明打败了另外一个文明，而是综合了所有文明的优势，统一回答由前述不同文明来回答的问题。因此，面向未来，我们应该好好总结中华文明五千年的灿烂历史，形成世界文明视角里的中国叙事，而且用充满人文关怀的、全世界都能听得懂的语言去讲述中国。这是我们的责任。

政治秩序的历史演进[1]

福山及其《政治秩序的起源》

弗朗西斯·福山是斯坦福大学讲席教授,日裔美国人,有着东方人的面孔,但实际是土生土长的美国人。导师是哈佛大学非常著名的学者塞缪尔·亨廷顿——《文明的冲突》的作者,福山深得导师的赏识。

20世纪90年代初,福山因写《历史的终结与最后的人》一书而成名,他在书中认为世界历史将终结于自由主义民主。当时,苏东(苏联及东欧)剧变,美国认为这是自己的胜利,所以福山在巨变时代的高峰写了这本书。可是这本书完成之后,世界变得越来越复杂,福山对于自己在《历史的终结与最后的人》里的观点又做了一些修正。随后,他研究非洲的国家建设问题,以及中国和日本的社会资本问题,后来写就了《政治秩序的起源》及其姊妹篇《政治秩序与政治衰败》,这两本书是他集十几年的思考完成的鸿篇巨著。

首先介绍这本书,主要原因是世界变得越来越复杂,美国甚至欧洲的民主制度出现了很大的问题,福山对这个问题有很深刻的认识。

---

[1] 本文是2020年6月姚洋教授在总裁读书会和北大国发院联合举办的线上读书会整理稿。

另外，中国是首先阶段性走出新冠肺炎疫情的国家，现在（2020年7月）回过头看当初武汉的封城措施非常及时，我国的抗疫在世界范围内至少是最成功的之一。这也引起了西方对中国政治制度的讨论：为什么中国的制度能在抗疫中做得比别人好？同时因为中国走出疫情后开始对别国进行援助，西方也有人担心中国会把自己的体制传给其他国家。这背后其实还是所谓的西方民主制度和中国制度之间的争论。

在疫情期间的新闻里，我们看到一位归国度假的博士后在武汉方舱医院的病床上读的一本书就是福山的《政治秩序的起源》。那位博士后的专业我记得是生物学。不同专业的人都对这本书有兴趣，体现出这个问题因为疫情而变得越来越重要。

政治秩序的三个要素

在《政治秩序的起源》里，福山另辟蹊径，不再讨论政体到底是民主还是非民主，而是讨论一个更加具体的问题——政治秩序。按照福山的说法，政治秩序包括三个要素。

第一个要素是强大的国家（capable state）。

强大国家的第一个特征是国家要有一定的国家能力，即征税能力、提供公共品的能力、对外发动战争或者抵御侵略的能力。按照这个标准，中国在清朝末期是没有国家能力的，因为那时征税已经非常低，也无法提供公共品，更没有能力抵御外敌的入侵。现在非洲的很多国家也没有这种国家能力。福山研究过非洲的国家能力建设问题，把这个概念引进这本书。

强大国家的另一个特征是非人格化的国家机器。现代国家一定是化家为国，建立官僚体制，选贤任能。国家的运作是非人格化的。

第二个要素是法治（rule of law）。

法治内涵的第一点是为社会、经济和政治交往提供可以预见的规则，这对于任何运转良好的社会都是必需的。第二点对于福山来说更加重要，他也在书中讲了更多，就是应该通过法治限制国家的权力。

第三个要素是责任政府（accountable government）。

责任政府就是向民众负责的政府。一方面政府要向民众负责，另一方面要存在足以与政府相抗衡的其他国家机构，如议会和法庭，保证政府对民众负责。

福山在这本书里抛弃了在《历史的终结与最后的人》那本书中持有的辉格党史观。辉格党史观也叫盎格鲁-撒克逊史观，是英国及其衍生国所构造的史观。按照这个史观，自由主义政府产生于英国革命，约翰·洛克将其理论化之后传到了北美，产生了美国宪法，再经由19世纪至20世纪的民主化进程，确立了自由主义民主并传播到世界各地，最终像福山在《历史的终结与最后的人》那本书里所说，世界要终结于自由主义民主。这是辉格党史观。

福山在这本书里有一个新的史观，他用全球眼光，强调仅看一个国家是不够的。这本书从中国写起，考察政治秩序在欧亚大陆主要文明中的发生、停滞和最终确立。他没写希腊，没写古罗马。直到今天中国学术界还有人言必称希腊，这些人如果读了福山这本书，恐怕会有不同的看法。福山从中国出发考察了不同的文明，一个强大的国家是怎么产生的、法治是怎么产生的、责任政府是怎么产生的，以及为什么在一些国家没有产生。

福山的新史观还体现在从自由主义民主转到了关注政治秩序。他把政治秩序放在很高的地位，认为能够提供政治秩序是一个优良政体的标志。我认为他在某种意义上回到了洛克的思想。其实洛克的思想倡导的并不是所谓的民主政府，而是自由政府，这二者的差别还是非常大的。所以这本书里有一个推论：民主不是实现政治秩序的唯一治理方式。我认为这点非常重要，特别是从这本书反观中国，我们再读钱穆的《中国历代政治得失》，会有更加深刻的感受。

强大国家的产生

中国向现代国家的演进

翻开这本书，首先是中国。福山明确指出中国是世界上第一个建立现代国家的文明。这是政治秩序的第一点，建立了强大的国家。

所有文明都来自部落制的小型和简单的社会，然后慢慢发展成一个国家。中国在这方面比较早，虽然我们不是最早的，晚于美索不达米亚文明、两河文明、埃及文明，但中国文明长达五千年绵延不断。到了殷商时期，国家仍然带有部落制的痕迹，但开始征服周边的国家。殷商本身是一个小国，后来征服了中原其他地区，包括西边的周国。周国又推翻了殷商，开始建立封建制。

我们习惯说中国有两千年的封建社会，其实是不对的。实际上只有周朝是封建社会，而且只有西周是比较完整的封建制，到了东周时期封建制度就开始瓦解。封建制就是君主把自己的儿子、兄弟、功臣分封到全国各地，然后每人建立自己的独立封国。在周朝，这些封国掌握自己的土地，土地上的老百姓给国君上交赋税和产物。这些封国在帝王有需要时，即打仗的时候，派军队支援，这是他们唯一的责任。中国比欧洲早1500年建立封建制，而且中国的封建制比欧洲早1800年就结束了，这一点对于理解中国非常重要。

到了东周时期，战争促进了现代国家的形成。这个观点早有中国人提出，赵鼎新的《东周战争与儒法国家的诞生》比较系统地阐述了东周的战争怎么缔造了我们的儒法国家。

春秋时期这些诸侯国开始了战争，一开始有几十个诸侯国并存，强大者逐渐吞并弱小者。春秋时代的战争相对低烈度、高频度，主要是贵族亲自披挂出征的战车战，很大程度上是为了贵族的面子。

战国时期则不同，变成了你死我活的高烈度战争，平民开始参战（这也是中国首先发明的），不再是贵族之间的战争。这个过程中法家兴起，法家到各个诸侯国去游说，比如商鞅到了秦国就开始变法。法家的目标非常明确，就是富国强兵，比如商鞅变法废除井田制，建立军功爵，使得秦国强大起来。井田制是非常阻碍生产力发展的，被废除后，老百姓都有了生产的积极性。然后又建立军功爵，打仗有功就能获得分封。因此秦国发展得非常快，秦始皇最终统一了中国。但秦始皇基本上没有来得及享受统一的成果，秦二世亦早亡，秦朝终止。

汉代可以说经历了现代国家的成形和衰败。西汉开始建立起了非人格化的官僚体系。皇帝和官僚机构分离，由三公九卿掌握官僚机构，这在当时是无与伦比的成就。对官僚制度做理论化总结还要等到19世纪末的马克斯·韦伯，而我们在1900年前就已经发明了官僚体系。西汉还发明了荐举制，为官僚机构提供源源不断的人才。当然那时候封建因素犹存，刘邦仍实施了一些分封。

到了东汉，荐举制退化为任人唯亲的门阀制，因为荐举不能保证公平，熟人推举熟人，慢慢就形成了门阀。这造成东汉时期家族政治的回潮，以前是化家为国，现在又化国为家。两晋南北朝是中国最黑暗的时代，有近300年的动荡，门阀制度进一步巩固。

福山在书中对中国的讲解基本就到此为止，所以我们还需要读一下钱穆先生的《中国历代政治得失》。钱穆认为中国古代的法治和责任政府都是缺失的，福山认同这个观点。他们认为，中国在过去不缺法制（rule by law），但缺法治（rule of law），皇帝在终极意义上掌握对法律的修改和实施权力。关于责任政府，虽然儒家的"民为贵"思想给政府施加了来自道德的责任，但没有制度保障。尽管皇帝和官僚机构之间有分权，但不足以限制皇帝的自由裁量权，因为在中国没有一个独立于皇帝的机构足以与皇帝相抗衡。但我对此有一点不同意见，特别是关于北宋。我认为北宋多多少少已经存在建立君主立宪制的可能性，政治文明程度已经相当高。

印度的变迁

福山书中接着讲的是印度和信仰伊斯兰教的地区。印度流传下来的宗教是印度教，和印度教相关的是种姓制度。种姓制度把人分成四等，从高往低依次是：婆罗门（祭司）、刹帝利（武士）、吠舍（商人）、首陀罗（农民）。其实，这四等之外还有一种等外人——untouchable（可译为"贱民"），就是不可接触者。目前，印度有1亿多人是untouchable，他们被认为非常肮脏，不能碰，尤其是婆罗门绝对不能碰他们。

婆罗门来自北方的游牧民族，就是所谓的雅利安人种。雅利安人是草原民族，他们在公元前3000多年南侵并四处扩散，形成了现在的印欧语系。这些人肤色较浅，而印度本土人肤色较深，所以婆罗门不仅是高种姓，与其他种姓的人在种族上也有不同。

福山认为古代印度存在法治，因为婆罗门掌握宗教，宗教设定律法，武士阶层刹帝利产生国王，但在种姓制度中是排在第二位的，所以要听命于婆罗门，也要听命于宗教律法。在这种情况下，宗教或者说种姓对于帝王就有了约束作用，这就形成了法治的萌芽。

然而，古代印度没有形成现代国家。除孔雀王朝之外，印度次大陆没有统一过。孔雀王朝大概和我们的秦朝属同一时期，伟大的国王叫阿育王（Ashoka），但其存在时间非常短，和秦朝一样二世而亡，自此以后印度再未形成统一的国家。后来的国家都是外来入侵者建立的，包括穆斯林、蒙古人，以及后来的英国人。我们觉得印度乱，在一定程度上是因为那里历史上没有过统一的国家。但是印度的社会非常强大，按照福山的说法，社会战胜了国家，不同的语言、顽固的土邦、深入人心的宗教，直到今天仍留下很多有影响力的痕迹。

伊斯兰地区的国家演变

再讲伊斯兰世界，说到穆斯林一定要讲马穆鲁克军事集团。马穆鲁克在阿拉伯语中的原意是"奴隶"，他们大部分是突厥人。突厥人建立了奥斯曼帝国，后来演变为土耳其。突厥人曾遍布欧亚大陆所有亚寒带地区，包括欧亚大草原。欧亚大陆南部文明的发展史其实最终都是一部和草原民族斗争的历史，包括前面提到的雅利安人南侵。中国古代也有突厥人。突厥人经常被抓去做奴隶兵，所以埃及被穆斯林征服之后，也去雇马穆鲁克兵。结果马穆鲁克兵鸠占鹊巢，最后推翻了穆斯林统治者，自己建立起马穆鲁克王朝，该王朝持续了将近300年。马穆鲁克政权选贤任能，抢来的奴隶兵也可以慢慢升迁，甚至做将军，并且特权不世袭。蒙古人征战整个北半球，打到了耶路撒冷城下，是埃及的马穆鲁克政权拯救了伊斯兰世界。1260年，他们在艾因贾鲁战役中击败了蒙古军队，阻止了蒙古军队在西亚的扩张。但后期马穆鲁克政权就变质了，开始保护自己子女的特权，慢慢形成了家族制，退化为本地化的"贵族"，军事贤能制度失效。

奥斯曼帝国是突厥人建立的强大帝国，灭掉了拜占庭帝国（东罗马帝国），抢占了领土。奥斯曼帝国的统治者是穆斯林，他们的继承制度不是确定的长子继承制，而是要选择继承者，这和穆斯林先知的学说有关。不确定的继承制导致竞争非常残酷，王位继承往往演变为残酷的杀戮。奥斯曼帝国维持统治靠奴隶官僚体系，本国居民不得担任公职，以防止叛乱。他们每年到欧洲绑架基督教少男少女，男子训练成奴隶兵或进入宫廷，担任政府官职，女子成为高级官员的妻妾。奴隶兵量才录用，有军功就可以升迁，最后甚至可能升到首相；否则就往下贬，一辈子只当奴隶兵。

福山认为奥斯曼帝国的这种官僚制度和中国的官僚制度是一致的，都是强大的国家，量才录用。我认为这个判断忽视了两者之间一个本质的区别：奥斯曼帝国的官僚制度是一种驭民术，而中国的官僚制度产生于儒家的政治哲学。奥斯曼帝王不想让穆斯林担任公职，担心他们推翻自己的统治，所以要用不会推翻自己的奴隶来管理国家。但是中国不同，西汉董仲舒提出新的儒家学说，被汉武帝所用。董仲舒的政治哲学认为，君主是承接"天命"的天子，因而具备统治的"法统"，儒家君子则承载着"天道"，所以具备统治的"道统"，二者相结合才能形成完美的治理模式。所以中国的政治从最初的设计就是要分权的。这和奥斯曼帝国完全不同，我们的是一种治理模式，而不是一种驭民术。

法治在英国的演化

政治秩序的第二个要素是法治。讲法治的兴起就要讲英国，英国经历了从惯例法（customary law）到普通法（common law）的历程。英国起初也是分封制，即封建制度，中央统治很弱，各个郡有封建领主自己开设的法庭，按照经验和惯例决断官司，这就是惯例法法庭。民众去法庭打官司要给封建领主缴费，国王为增加收入也设立了法庭，这就是普通法的法庭。这是国王为扩大自己的权力，与封建领主斗争的结果。因为国王的法律适用于全国，就称为普通法。普通法法庭由于适用性更广且更加公平，就逐渐取代了惯例法法庭，成为英国的普适法庭。我认为英国在这个阶段还没有达到真正的法治，仍然是法制，任务是为社会提供秩序，而不是切割权力、限制国王。

这本书对我很有启发的一点，是关于天主教会和法治之间的关系。起初教会因为要管社会，所以对婚姻和财产有规定。比如，教会鼓励女性持有财产，以便获得寡妇们捐赠的财产。因为一般来说女性的寿命比较长，女性成为寡妇后其财产就会捐给教会。所以教会制定法律，特别是制定关于家庭和婚姻法律的一个非常强大的动力，就是去收老百姓的捐款。

真正的改革来自公元1073—1085年在位的格里高利七世，他和罗马皇帝进行了一场斗争，争夺任命主教的权力，称为"叙任权斗争"。以前这个权力在罗马皇帝手中，因为基督教成了罗马的国教，罗马皇帝就掌握了基督教。但是格里高利七世要独立，就剥夺了罗马皇帝任命主教的权力。他的做法得到了一些欧洲公国和主教的支持，这使得罗马皇帝不得不去教皇门前谢罪，在雪地里站了三天三夜，最终达成妥协。1122年，教廷和罗马皇帝达成了沃尔姆斯协议，皇帝放弃叙任权，教会承认皇帝的世俗权力。后果是宗教确立了法律权威，法律和宗教成为制衡国王的重要力量之一。

责任政府的诞生

为什么法国和俄国没有产生责任政府？

在讲政治秩序的第三个要素"责任政府"时，福山探讨了法国和俄国没有产生责任政府的原因。法国一开始也是封建制度，国王没有税收权，但连年战争需要资金，国王就选择卖官鬻爵。其实欧洲国家卖官非常普遍，这是国王获得收入的一个手段，英国也有卖官情况，只是没有法国这么系统。我年轻时看过一部电影，其中一个场景是法国一个官员去收税，他的官是买来的，这块地方归他收税，收上来的一部分留给自己，其余的交给国王，这就是所谓的税收牧场（tax farms）。这些官员都由国王亲自任命，帮国王收税，这样就把封建制度抛在了一边，所以法国有很强大的中央集权力量。直到今天法国仍然是集权的，比如大概20年前法国才开始部分民选省长，在那之前省长由总统指定，地方没有选举。

19世纪法国历史学家托克维尔（Alexis-Charles-Henri Clérel de Tocqueville）写过两本很著名的书——《论美国的民主》和《旧制度与大革命》，后者告诉我们，事实上法国国王，比如路易十六，也想改革，但因为既得利益群体抵制改革，新兴阶层没有耐心等待改革，所以改革失败，爆发了革命。

俄国是一个后起国家，在其刚开始建国的时候，蒙古人入侵破坏了拜占庭文明，包括法律、政治生态、社会形态等，带来了野蛮统治、专制主义。后来俄国人赶走了蒙古人，建立起封建制度。但俄国的封建社会非常短暂，贵族没有形成足以和国王相对抗的能力。国王又通过一系列手段，比如奖赏制度、门第选拔制度等来控制贵族。到了16世纪沙皇伊凡四世时期，人们称他是"伊凡雷帝""恐怖伊凡"，他通过设立特别行政区等方式不断扩大自己的权力，并独权杀害了很多贵族，甚至杀了自己的儿子。有一幅很著名的油画《伊凡雷帝杀子》就描绘了他杀死自己儿子又后悔的情景。

到了彼得大帝时代，1703年俄国建都圣彼得堡。他把首都从莫斯科西迁到彼得堡，就是为了靠近西方，向西方学习。彼得大帝开始建立官秩表，以吸收新鲜血液进入贵族行列，并在军队和政府里建立选贤任能制度，这意味着他也开始建立一个强大的国家。但另一方面他又在倒退，为了获得税收，国家限制农民迁徙，把农民固着在土地上干活，最终形成了农奴制，而地主就形成了卡特尔，以防止农奴逃跑。这样，在彼得大帝之后，家族政治又逐渐占领了上风。

为什么责任政府诞生于英国

责任政府最终产生于英国，这与英国的历史有关。

前面提到英国有一些地方法庭，地方法庭后来演变成代议制度的构成部件。它们一开始只是司法机构，像县法庭和百户法庭，但后来成为代议构件，每个县都能派法庭的人去参加国王的议会。因此，英国议会从一开始就和法治联系在一起。

斯图亚特王朝承接都铎王朝，伊丽莎白女王是都铎王朝最后一任国王，但她未婚，也没有自己的子女，选择把王位传给她的表外甥女苏格兰玛丽女王的儿子，即后来的詹姆斯一世。伊丽莎白女王1603年去世后，詹姆斯一世成为苏格兰和英格兰两个国家的国王。詹姆斯一世非常傲慢，相信"君权神授"。他还建立了星室法庭（the Court of Star Chamber），是独立于普通法法庭的皇家法庭，审理一些与国王有关的案件。到了他的儿子查理一世时期，这类法庭就被用来审讯跟国王作对的人，成了国王的私人法庭。同时国王随意向议会借贷，到期不还，接着再借，即使到后来查理二世复辟之后仍然如此。

宗教在英国革命中的作用非常大。英国有自己的国教，其产生是因为1509—1547年在位的亨利八世的第一任王后没有男性子嗣存活，为获得离婚和再婚的权利，亨利八世决定脱离罗马教廷，成立自己的国教，叫安立甘教会（Anglican Church）。英国国教不完全是新教，但也不是天主教。

早期斯图亚特君主是与国教结盟的，因为斯图亚特家族来自苏格兰，一直信奉或同情天主教，而詹姆斯一世的"君权神授"观念与信奉天主教国家的法国和西班牙的专制君主的想法一致，于是英国国教就成为维护"君权神授"的宗教机构。

但是英国议会由信奉清教的商人阶层把持。清教是新教的一个分支，相信今世的作为（包括财富和德行）可以决定来世的命运，这种理念比新教进了一步，所以与处于新教和天主教之间的英国国教产生了冲突。再加上国王去爱尔兰招募天主教士兵，在爱尔兰起义之后，国王又跟爱尔兰达成停火协议，这引起国内清教徒们的猜忌，担心国王要将天主教徒引进英国来消灭清教。所以在英国革命的第一阶段，即 1642—1649 年，是以清教徒为主的议会与秉承英国国教实则同情天主教的国王之间的斗争。这导致查理一世和他的王后被送上断头台，克伦威尔上台实行专政。

克伦威尔死后，查理一世的儿子查理二世回来复辟，复辟之后马上恢复国教，限制清教，实则是要夺回革命派掌握的政治权力，但他在临死前还是改信了天主教。他任命信奉天主教的儿子继位，即詹姆斯二世。詹姆斯二世在欧洲生活多年，希望开放宗教自由，一个原因就是让天主教能在英国待下来。他允许天主教徒在军队里任职，这引起了很大的猜忌，同时他乱借钱跟法国打仗，导致 1688 年光荣革命自己被赶走。英国随后请了信奉新教的威廉三世来任国王，这才解决了议会和国王的斗争。第二年通过的《权利法案》确定了英国的君主立宪体制。

梳理这段英国历史是想表明，英国的责任政府是打出来的，宗教在其中起了很大的作用。同时，英国的封建制度也起了很大的作用，国王的权力没有那么大。

总结一下政治秩序是如何在英国产生的：首先，强大的国家产生于国王的野心，从建立普通法法庭、采取集权措施，到对外发动战争，国王的权力随之越来越大。对外战争有附带效果，巩固了税收权，通过借款促进了金融业的繁荣，所以国家的能力就越来越大。

法治的产生源于宗教律法在社会方面起到的独立作用，同时封建体制，比如由惯例法催生出来的普通法也发挥了很大作用。

责任政府来源于资产阶级对旧制度的反抗，以及宗教的加持。这种种因素的叠加作用使得英国在特定的时期、特定的环境下，实现了政治秩序的三个要素。

再谈谈确立三权分立体制的美国宪法。在光荣革命之后，洛克写了《政府论》，这本书他在光荣革命之前已经开始构思。他认为政府是公民自愿联合的产物，只对公民负责。美国宪法是第一部按照洛克自由式政府构造的宪法。美国也是世界第一个完全人为构造出来的国家，而不是自然形成的国家。为争取批准新宪法而写的《联邦党人文集》的第一部分就主张建立现代国家，特别是亚历山大·汉密尔顿（Alexander Hamilton，美国开国元勋之一）非常强调要有一个强大的联邦政府和强大的总统。然后他讲了法治，要有独立于行政机构的立法和司法。后来，林肯所倡导的民有、民享、民治，就符合责任政府的理念。其实在建国者心目中，美国要建立基于罗马共和国的混合体制：总统由选举院制度来选举，参议院直接用古罗马元老院之名，参议员由州议会推选，代表各州的利益，只有众议院的议员代表选区老百姓的民意。

反观中国：为什么我们的现代化进程如此漫长？

讲完福山的这本书，我们还是要回到中国。我们读别人的书，最终目的是关怀中国。

中国的现代化进程如果从 1840 年鸦片战争算起，已经将近 200 年，哪怕是从 1898 年戊戌变法算起，也有 100 多年。为什么如此漫长？我读完这本书之后的感想是，因为很多条件我们不具备，前面总结的促使英国形成现代国家的条件我们都没有。

首先，我们是一个早熟的国家，分封制早于欧洲1500年出现，也早于欧洲1800年消失。换句话说，我们的封建时代不仅出现得早，而且持续时间又比欧洲短。

其次，中国官僚帝制的演进被其他民族入侵打断。中国古代的官僚帝制如果能得以顺利演化，也许能形成一个更加理性的制度。比如，北宋可能会出现君主立宪制，因为中国政治到了北宋时期已经高度文明，文官的权力非常大，而且纳谏制度非常完善，具备演变为类似现在议会的可能性。如果让北宋顺利演进下来，极有可能形成君主立宪制国家。那么，中国就不仅建立了世界第一个强大国家，而且建立了世界第一个责任政府。为什么这种情况没有出现呢？因为其他民族入侵。

我们今天关心气候变暖问题，其实在古代，北半球的气候变冷对北半球文明的打击是灾难性的。两晋南北朝经历300年的动乱，在很大程度上是由于气候变冷，同时期的西罗马帝国也灭亡了。北宋末年气候又开始变冷，草原民族就开始南侵。为什么宋朝军队打不过他们？因为天寒地冻的气候对中原来说影响不大，但对于草原民族来说是生与死，当他们的生存欲望极其旺盛的时候，当时的宋朝是抵挡不住的。北半球的文明都是类似的情况。

最后，宗教没有在社会里扎根。道教讲究出世无为，佛教在南北朝时曾有一些独立地位，到唐代马上被皇帝收编，宋朝之后的影响式

经济的常识　　242

微。日本就不同，很多时候是和尚们造将军的反。所以，日本的现代化进程比我们快，其实和权力分散有关。

理解中国的现代化进程为什么持续如此长的时间，对于我们理解当代的中国是有帮助的。当然，要想真正理解中国，还要看中国人是怎么写中国的，还要读钱穆先生的《中国历代政治得失》及相关的研究著作，这样我们才能对中国政治历史的进程看得更透彻一些。

东西方文明的分流与合流[①]

伊恩·莫里斯的《西方将主宰多久》是对人类文明发展历程的东西方比较。对于中国为什么在近几百年落后于西方,东西方的几次大分流等问题,伊恩·莫里斯都在书中给出了比较系统的解释。

伊恩·莫里斯及其《西方将主宰多久》

《西方将主宰多久》的作者伊恩·莫里斯是英裔历史和考古学家,长期在美国斯坦福大学古典学系担任教授,研究古希腊和古罗马。西方很多优秀学者在自己的专业领域有建树之余,还愿意向外拓展,写一些科普性图书,告诉非专业的读者这个世界在发生着什么。

莫里斯的著作就是从考古学和历史学出发,去讲述宏大的故事。他 2010 年出版的《西方将主宰多久》解释了过去 1 万多年间欧亚大陆文明的交替和分流;2013 年出版的《文明的度量》详细讲解如何度量文明进步的程度;2014 年出版的《战争》探讨了为什么战争有时候也能推动社会进步;2015 年出版的《人类的演变》研究从采集农业到工业文明,不同的社会形态应该配备什么样的价值体系。可以

[①] 本文是 2020 年为总裁读书会和北京大学国发院联合举办的线上读书会演讲稿整理。

看出，他的思考是慢慢深入下去的。

《西方将主宰多久》这本书回答了以下几个问题。

第一，过去300年里为什么是西方领先东方？西方现在主宰世界，还要主宰多久？这就回答了由李约瑟之谜引发的东西方大分流问题，我将在后文详述。

第二，如何度量文明的成就？莫里斯创造了"社会发展指数"以度量不同文明在过去1万年间的进步程度。这是一个浩大的工程，肯定存在很多模糊之处，但是他能做到这一步已经很不简单。

第三，什么因素主宰着文明的长期进步或者衰落？莫里斯的解释是内因和外因的共同作用，内因是他自己定义的"莫里斯定理"，外因是自然因素。

第四，自然因素对文明的塑造起到了什么作用？这是莫里斯在这本书中特别关注的。要研究1万年间欧亚大陆上文明的分演，他要找的是能够影响长期发展的基本因素，所以找到了地理和气候这两个自然因素。地理位置决定了是西欧而不是中国首先发现新大陆，这可以解释东西方大分流的问题。气候变化决定了北半球各文明的兴衰，这一点我认为非常重要，而且非常新颖。

决定长期增长的因素

对于什么因素决定着经济的长期增长，历年来有很多不同的研究。我介绍几种主要观点，再讲讲莫里斯研究的与众不同之处。

第一种观点是经济长期增长由地理环境决定。有一种观点叫"地理环境决定论",曾一度受到批判,但实际上地理环境是非常重要的。美国演化生物学家戴蒙德于1997年出版的《枪炮、病菌与钢铁:人类社会的命运》是这种观点的代表作,影响很大。但是这本书只讲了为什么农耕文明发源于欧亚大陆,未再深入。还有包括莫里斯在内的其他人也把地理环境作为文明的重要因素之一,但并非决定性因素。

第二种观点是思维方式决定长期增长,这是李约瑟的观点。他以前是生化学家,二战时来到中国,在重庆的英国大使馆工作,由此对中国的科学技术产生了兴趣。回到英国之后,他就转行研究中国古代科学技术史,写出了七卷本的《中国科学技术史》,对中国和世界的科学技术研究做出了巨大贡献。他在第一卷里提出一个问题:中国古代特别是宋代的技术已经达到很高的高度,但为什么后来的中国没有产生科学?这个问题后来引申成"大分流"问题,即为什么工业革命没有发生在中国,而是发生在西欧特别是英国?李约瑟给出的解释是,中国人善于实践,不善于理论分析,所以中国没有产生科学。

我认为他说的有一定道理,但其实工业革命不是依赖科学而产生的,科学和工业相结合是从19世纪后半叶麦克斯韦发现电磁学才开始的。一般认为工业革命始于1750年,那时并没有科学的指导,绝大多数发明创造都是摸索出来的,有些发明的创造者自己也不清楚背后的科学原理。举例来讲,过去航海的水手常会得坏血病,大家也找不出原因。一名苏格兰医生通过对照组实验发现吃橘子的水手不会得坏血病。他提出来这样一个想法,但根本不明白原因。我们现在知道是维生素在起作用，但当时无人知道。所以说，没有科学也可以产生技术进步，李约瑟的这个解释至少是不完整的。

第三种观点是制度决定论，这是当前最有影响力的一种观点。德隆·阿西莫格鲁和詹姆斯·罗宾逊合著的《国家为什么会失败》这本书影响非常大。在这本书里，两人把制度因素所起的作用提到一个很高的水平，我觉得这是很大的误导。制度当然会起作用，但在历史长河里，比如1000年甚至1万年，制度的作用就有待商榷。这里的制度到底是内生的还是外生的？制度之下是不是还有其他解释因素？古人认为地球能浮在空中是因为下面有很多龟在支撑，也许制度不过是其中一只"龟"，还有很多其他的"龟"。

莫里斯不同，他所做的是努力去寻找最底层的那几只"龟"，也就是内因，也被称为"莫里斯定理"——人类社会的变化来自懒惰、贪婪和避险的人们对舒适、利润和安全的追求。人类都是懒惰的，不想吃苦，想要追求舒适，这就迫使人类去发明创造。比如人类发明了轮子，推着有轮子的车就比较省力，后来为了舒适又发明了自行车、汽车、飞机等等。人类作为动物的一部分也非常贪婪。在古代，人们要去抢占周边的环境和资源；进入文明社会，人们给贪婪找了一个文明的说法——追逐利润。如果说人类的进步是靠追逐利润推动，那么贪婪就是最下面的那只龟。人都有避险的本能，为了追求安全建设了城堡，发展出军队。哥伦布为什么会发现美洲？实际上他是出于安全考虑，想要绕开可能会带给他危险的伊斯兰国家才决定走海路。所以，上述因素源于我们人类发自内心的动物属性，属于内因。除了动物属性，还有外在因素起作用，包括地理环境和气候变化，我将在后面着重讲。

东西方文明及三次大分流

通常认为东西方文明的大分流只有一次，但莫里斯提出了新的看法，认为东西方文明已经有三次大分流。所谓的文明是从定居的农耕文明开始的，在那之前的冰期、旧石器时代和新石器时代都没有产生文明，直到1万年前有了农耕，才有了文明。

如何定义东方和西方？东方明确指以中国中原地区为核心的东亚地区。西方的范围比较大，从中东到英国都算西方。这样定义从文明的演进来看是有道理的，符合西方文明从核心地带向边缘地带传播的规律。

西方文明的传播轨迹是从核心地带到边缘地带。西方率先定居的农耕文明发源于今天的伊拉克北部新月形台地上，即伊拉克和叙利亚交界之处。随后，农耕文明开始向两河流域传递，到达现在伊拉克的核心地带，在公元前4000年诞生了辉煌的文明，包括两次巴比伦文明和亚述文明。但后来由于草原民族的入侵，这两个文明先后衰落。西方文明的发展历程中曾多次受到草原民族入侵的影响，现在的印欧语系也基本是草原民族入侵的结果。莫里斯在书中没有专门讲印度，因为他把印度纳入西方文明的范畴。两河文明衰落之后，接着依次成为文明中心的是埃及文明、希腊文明、罗马文明、中东文明，都经历了兴起、鼎盛、停滞、衰落的过程，最后到西欧文明。中东地区是人类文明最早的发源地之一，历时两三千年后衰落。但到伊斯兰文明兴起的时候，中东再次成为世界文明的中心。由于十字军东征发现了希腊文明，欧洲重新发现了自己文明的源头，产生了文艺复兴，最终工业文明在西欧特别是英国诞生。

可以看出这样一个原理，核心地带的文明都是先在一个地方产生，发展到一定高度之后人就产生惰性，时机一到就被外族特别是野蛮民族消灭。这时候边缘地带的人民就开始兴起，他们通常具备更强的进取心，不断流动转移，所以整个西方文明是流动的。

东西方文明的大分流是怎么产生的？戴蒙德的地理环境决定论认为，文明没有产生在美洲或非洲的原因和地理有关。美洲是南北走向的，在北美洲温带地区培育一种作物或驯化一种动物，是很难在南美热带地区复制的，所以文明传播得比较慢。非洲则是能被种植的作物和能被驯化的动物种类都比较少，所以文明就不容易发生。

东西方文明的第一次大分流是 2 万年前到公元 5 世纪，西方文明主宰世界。为什么定居文明发源于伊拉克新月形台地上？因为那里驯化了现在常见的几乎所有种类的家禽家畜，种植出了绝大部分现在常见的主食作物。然后，文明沿着纬度向东西两边传播，中国的小麦也是从西方传来的。我个人有个未被证明的推论：为什么是秦朝统一了中国？原因之一也许是秦国首先种植了小麦，使土地承载人口的能力大增。

第二次大分流是从公元 5 世纪到公元 18 世纪，东方文明成为世界文明的中心。中华文明也在这个时期走向顶峰，在北宋进入平台期并持续了一段时间。

第三次大分流是从 18 世纪到现在，发源于工业文明时代的西方文明占据了上风。

测量文明的进步：社会发展指数

莫里斯发明了社会发展指数以测量文明的进步程度。社会发展指数包含四个指标。

第一是获取能量的能力，即每个人每天能够享有的能量有多少。这里说的能量除了一个人每日摄入的食物能量，还包括用电、用水等行为消耗的能量。能量使用得越多，这个文明的文明程度就越高。

第二是社会组织能力，用最大城市的面积来衡量。一般来说，每个朝代的都城都是最大的，这个指标比较易于计算。

第三是传递信息的效率，包括识字率和信息传递速率。古代最初靠人力跑步传递信息，后来靠马。中国很早就建立了驿站制度，就是用马来传递信息。再后来发明了电报，现在用互联网，信息传递速率越来越高。

第四是发动战争的能力，包括军事技术、军队数量等。一个国家如果没有发动战争的能力，是不可能抵御外敌入侵的。军事技术和军队数量与国家的经济发达程度高度相关。我想，莫里斯将发动战争的能力作为指标之一，是因为它比较好度量。因为我们无法得知 1 万年前一国的人均 GDP，但是可以从其发动的战争数量和规模上大体推断这个国家的能力。

莫里斯以 2000 年为基准，分别找到四个指标的最高水平，都设为 250 分。比如，2000 年最大的城市是东京，那么就把东京的社会组织能力的得分定为最高的 250 分，四大指标的最高水平简单加总就是 1000 分。度量历史上的文明就看其相当于 2000 年人类最高水平的比例，比如相当于 2000 年的 5%，就用 250 乘以 5%，得到那个时期某一指标的水平，然后四个指标加总就得到其社会发展指数。

莫里斯发现一个重要现象：在农耕文明时期，无论是东方还是西方，社会发展指数从未超过 45 分。罗马帝国是西方农耕文明的最高成就，在公元 5 世纪刚好达到 45 分的时候崩溃；北宋也在即将达到 45 分的时候崩溃。这说明农耕文明的社会发展指数天花板是 45 分。这是一个重要现象，也是一个谜，需要合理的解释。

地理的作用：新大陆的发现与西方的崛起

莫里斯这本书内容很多，限于篇幅我不再一一解读，只选取两个因素重点解读：一个是地理环境，一个是气候变化。

地理因素中最重要的是美洲新大陆的发现，这是造成最近一次东西方文明大分流的重要原因。

美洲新大陆的发现对西方的崛起有哪些作用？

首先是对贸易的影响，烟叶贸易大大促进了英国商业的发展。一个文明的发展要达到顶峰，最重要的一个前期指标是贸易发达。这一观点源于亚当·斯密的理论——分工促进经济繁荣。有了分工，不同地区就可以各专所长，然后通过贸易交换去获得自己没有的物品。贸易也会激励生产规模的增长，让各地区的产品卖到更多的地方。因此，贸易促进经济增长。英国经济的发展始于美洲的烟叶贸易。当时的烟叶贸易对英国有多重要？甚至促成了苏格兰和英格兰的合并。苏格兰和英格兰以前是两个独立的国家。17世纪末，英格兰把北美的烟叶贩卖到欧洲，经济得以迅速发展。苏格兰见状也希望跟进，用占当时苏格兰GDP一半的资金成立了一个大型公司去美洲和英格兰竞争，结果一败涂地，最终不得已和英格兰合并为一个国家。合并之后，苏格兰经济快速发展，继而为世界文明和现代化做出了巨大的贡献。由此可见贸易的重要性。

其次是白银大量流入欧洲，引发了欧洲的价格革命。美洲盛产白银，16世纪之后，欧洲流通的白银基本都来自美洲。欧洲人把大量白银掠夺到欧洲，引发了价格革命。因为以前欧洲重金属稀缺，物价很低，有了大量白银之后，物价上涨，大大刺激了生产。正如美国经济学家克鲁格曼在《萧条经济学的回归》一书中所说，当物价下降时，经济不可能增长，温和的通货膨胀对于经济增长是有好处的。

再次是引进新作物，包括玉米、土豆、西红柿等，救了很多欧洲人的命。比如爱尔兰在19世纪早期由于土豆疫病歉收而发生了大饥荒，饿死了100多万人，还有200多万人逃难去了美国。

最后是产生了竞争。在北美，英国人和法国人竞争，发生了数次战争，最后英国人打败了法国人。在南美，西班牙人和葡萄牙人竞争，他们把钱掠夺回欧洲之后，又在欧洲内部打仗。竞争很重要，东亚之所以没有发展出现代工业，可能跟竞争烈度较低有关。

当然，我们不能忘记人类知识水平和认知能力的提高（特别是18世纪开始，人对于世界的认识不断深入）对于文明进步的作用，这恐怕跟地理也有关系。在西方，连续几百年的十字军东征发现了希腊文明和伊斯兰文明，从这些文明中学到的很多东西促使文艺复兴的产生。欧洲还从伊斯兰文明学到了阿拉伯数字，没有阿拉伯数字就没有后来的数学。在东方，挑战总是来自蛮族，他们的每一次入侵对于中原文明都是毁灭性的打击。因此，地理环境仍然在起作用。

发现美洲是西方崛起的最重要原因，但为什么是西方发现了美洲大陆？郑和七下西洋，为什么没有发现美洲大陆？这也是地理决定的。因为太平洋太大，对于从中国出发的郑和来说到达不了。大西洋相对小一些，再加上洋流的影响，更利于从欧洲出发的哥伦布到达美洲。

此处再对照莫里斯定理——人类社会的变化来自懒惰、贪婪和避险的人们对舒适、利润和安全的追求。首先看舒适，哥伦布航海的目的其实是去印度购买香料。因为在文明开始发达、定居农业发展之后，人们的物质有了剩余。肉有了剩余就需要风干储存，只用盐不够美味，就需要香料，所以哥伦布航海的本来目的是想过上更舒适的生活。下面看利润，由于当时欧洲人都对香料有需求，香料生意的利润非常高。最后看安全，当时去印度如果走陆路会遭遇穆斯林的阻挡，如果走海路要绕道好望角，风险非常大，所以哥伦布另辟蹊径，打算向西绕地球一圈再到达印度，没想到到达了美洲新大陆。从以上可以看出，莫里斯定理是根本性的，地理环境又是决定性的，两种因素叠加导致欧洲人首先发现了新大陆，而不是中国人。

气候变化：决定北半球农耕文明的最重要力量

农耕文明高度依赖气候。气温高，雨水就充沛，作物生长就旺盛，动物就多，文明就会发生进步；气温低，就会产生干旱，作物生长就萎靡，动物就会减少，文明发生和发展就困难。现在全球气温在上升，我国西部地区的雨水开始变得充沛，一些小绿洲又开始出现。也许这样持续两三百年，楼兰古城又变成绿洲了。楼兰古城的消失其实也是气候变冷的结果。

草原民族也高度依赖气候。气温高，牧草就丰盛，人们就容易生存；气温低，牧草就萎靡，人们生存就有困难。北半球农耕文明的兴衰主线之一是与欧亚大草原上的游牧民族的争夺。绝大多数情况下，游牧民族的入侵对文明造成了破坏。农耕文明在跟游牧民族的斗争中能否取胜，不取决于农耕文明的昌盛程度，而取决于游牧民族求生欲的强度。当气候变冷，游牧民族的牛羊大规模死亡，人们的生活变得困顿，这时他们的求生欲望是极其强烈的，几乎是不可阻挡的。比如蒙古人曾经横扫欧亚大陆，其势无人可挡。

古气候学家竺可桢先生做过一张图，描绘了中国近3000年气温的变化曲线，后人又补充了近些年的气温数据。

观察图 6-1 可以发现，殷商、西周时期，中原地区温暖湿润，平均温度比现在高 2 摄氏度左右。河南省简称"豫"，"豫"的偏旁"予"代表"我"，右边是个"象"字，"我牵着一头象"就是河南。这说明在当时的中原一带是有象的，也确实在那里挖到了象的化石。在那种温湿的环境中，中华文明开始发生发展。

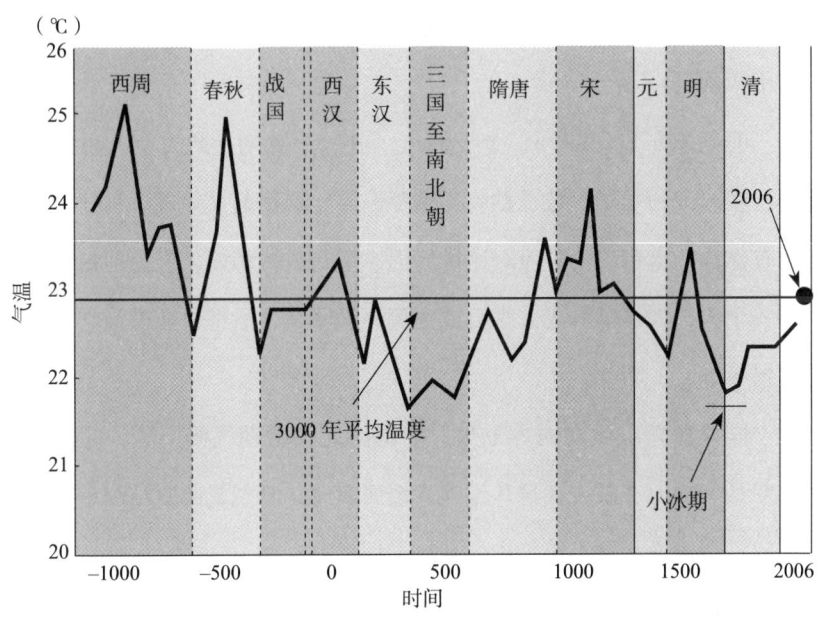

图 6-1 中国近 3000 年气温变化曲线

三国至南北朝时期，气候非常干冷。这一时期就出现了"五胡乱华"，也就是北方游牧民族对中原腹地的入侵，这对中华文明几乎是毁灭性的打击。

到了唐朝，温度开始上升，在北宋时期达到高点，同时我们的文明也在北宋达到了顶峰。中华文明第一次超越西方文明是从公元 500

年左右一直到宋代,这一段时间是气温的上升期,也是文明的上升期,所以二者是高度相关的。我个人认为,唐朝和北宋的妇女衣着较为袒露,应该和那段时期气候太热有关,大家可以看看《清明上河图》中女子的穿着。

北宋末年开始降温,一降温,游牧民族生存出现困难,就会来入侵,结果北宋被金人灭亡。随后温度一直在下降,明朝中期有一段时间小幅回升。

明朝末年气温降到一个极低点,进入小冰期,此时金人再次入侵。明末因为干旱,粮食歉收,饿殍遍野,农民起义频发。崇祯是一个有作为的皇帝,为了应对这种局面,进行机构精简,但是他精简错了一个人,就是李自成。李自成在陕北做驿卒,后来失业没饭吃,只好揭竿起义,明朝灭亡。

同样的情况也在西方发生。中国南北朝时期气候干冷,同时期的罗马帝国由于鼠疫和日耳曼人入侵而崩溃,分裂成西罗马和东罗马。东罗马帝国设都君士坦丁堡,开启了拜占庭时期。

中国元明时期,气温降低,欧洲发生了黑死病。黑死病由喜欢阴冷的黑鼠传播。黑死病一直到17世纪才停止,因为那时气温上升,印度商队带来了喜欢温湿气候的褐鼠,霸占了黑鼠的地盘。

17世纪温度开始回升,清朝建立,西方则进入了上升期,气候变化给了西欧一个摆脱马尔萨斯陷阱的机会。由于黑死病导致人口锐减,增加了劳动力的价值,促进了农奴制的瓦解,继而产生新的个人化土地所有制,货币经济开始代替物物交换经济,农业由于气温上升也实现了大发展。

宋代的成就和明清的停滞

宋代是世界农耕文明的顶峰。这里列举一下宋代的科技成就。农业和食品工业方面，宋代发明了蒸馏酒，现在的白酒就属于蒸馏酒，在这之前只有不经过蒸馏的黄酒；那时还发明了制糖技术，改善了茶叶制作技术。军事方面，发明了很多冷兵器和火药武器。造纸术和印刷术进一步发展，纸张更加便宜，刻板印刷技术完善，书籍得以走进平民百姓家。从《清明上河图》里可以看到书店，之前的朝代是没有书店的。冶金技术大幅发展，发明了焦炭炼钢，比西方早500年。瓷器制造方面，汝窑的制作温度能达到1700摄氏度，而西方的瓷窑直到19世纪末发明电以后其制作温度才达到1700摄氏度。

造船业方面，发明了水密隔舱技术、平衡舵技术、龙骨结构，使制造大型船舶成为可能。机械方面，发明了水力纺织机、提花机、天衡和擒纵器。数学领域有很多进步，物理应用、天文历法、地理测绘、医药、水利、化工等很多方面在北宋都达到高峰。这些都证明宋代的文明程度已经非常高。

在经济领域，土地真正实现了私有化，诞生了小农经济，粮食单产达到顶峰。直到清朝后期，粮食单产才能够超过此时的水平。这一时期实现了城市化和商业大发展，汴京和杭州等城市十分繁荣。金融业开始萌芽，出现了交子（纸币）、有价证券、政府采购等。

文化艺术方面，宋代的诗词绘画达到了中华文明的最高峰。陈寅恪评价说："华夏民族之文化，历数千年之演进，造极于两宋之世。"我同意这个判断。

元、明、清没能继续宋代的发展。元代在政治上出现倒退，化国为家。早在秦朝，就已化家为国，国家不是皇帝一个人的，而是老百姓的，但到了元代又后退了。元代经济虽然比较自由，却没有延续宋代的发展，这是一个谜。

明代在政治和社会上比元代更加倒退，尽管后来有了内阁，但政策整体上是内敛收缩的。这一方面是由于朱元璋个人的排外多疑，另一方面是由于北部有元朝的威胁，南部有倭寇的袭扰。明朝的疆域很小，经济也谈不上进步，更没有产生工业文明。

清朝在政治上比明朝略好，但仍然没有达到北宋的高度。明朝靠的是东厂西厂宦官治理，清朝基本上也是一种半秘密统治。清朝在经济上有所发展，因为欧洲发现美洲新大陆的一些好处在此时传到了中国，但中国已经错过了西方工业文明兴起的窗口。

如何解释元明清三代没有继续宋代发展的原因呢？我认为主要是以下三个方面。

第一，文明发展本身就是按照萌芽-顶峰-停滞-衰落的规律循环，中华文明也没有逃脱这个规律。北宋很发达，但到了宋徽宗时期，他生活穷奢极欲，根本不问国事。东西方文明都如此，比如马穆鲁克在埃及的政权，一开始很强，到后期也贪图享受，最后就走向衰落。农耕文明在宋代达到顶峰，中华文明在北宋达到顶峰，两个文明的轨迹叠加，在这之后自然就按照规律停滞、衰落了。

第二，地理原因。东亚的地理环境容易形成统一的帝国，周边没有强国相互竞争。再加上中国远离新文明的核心地带西欧，所以既没有产生工业文明，也没有得到西欧工业文明的好处。

第三，气候因素。北宋至明末，北半球处于寒冷干旱时期，不利于农耕文明的经济发展。到了清代，虽然气温开始上升，但西方的工业文明已经启动，清朝已经远远落后。

未来是否会有第四次大分流？

未来是否会出现第四次东西方文明大分流？东方能否超越西方？莫里斯在这本书里说，如果东西方分别保持20世纪的增长速度，那么东方的社会发展指数将在2103年超越西方。东方有自己的优势，现在文明的核心地带还在西方及其衍生国，东方相对处于文明的边缘地带，因此具有"赶超优势"。

然而，未来出现的也许不是东方主宰的世界，而是莫里斯所说的融合的世界。所谓singularity时刻（奇点时刻）是人与机器相融合的时刻，最乐观的估计是到2045年实现。那时候，将无所谓东方人还是西方人，很可能出现一个不分种族和文化的新智能人，同时配之以不分东方和西方的全球文明。

这本书应如何读？

莫里斯的《西方将主宰多久》这本书给我们这样一些启示。

首先要有全球视野。用超越东西方的全球视野来看中国，才能更清楚中国处在什么样的位置。

其次要有历史视野。从历史看当代中国和世界，才能更清楚我们从何处来、向何处去。

读这本书对我们的日常生活也有启发。读书本身就是生活的一部分，能够丰富自己的人生。而且，当你读了很多书，特别是历史书之后，会觉得自己所经历的事在历史上不值一提。假如将地球的整个生命周期看作24小时，那么过去1万多年人类文明的发展其实只占24小时里的一秒，相比之下，我们个人所经历的连1毫秒都没达到。从这个角度看，我们会对身边之事豁然开朗，不为一时得失所累，这对于我们的工作和生活都有启发意义。

现代化在中国的脚步[①]

中国正处在一个转型期,我们怎么理解中国目前发生的这些事情?用什么样的框架来理解中国发生的这些事情?

理解中国的现代化框架

大家容易想到的第一个框架就是转型,从社会主义经济转向市场经济。这是一种思考,但这个框架的内涵比较窄,纯粹是一个经济管理体制的变化,涵盖的范围是有限的。当然,我们也可以用发展的框架思考中国的转型,即从不发达国家如何走向发达国家的过程。发展的概念可大可小,可以是经济的,也包括社会的、政治的。但是对多数人来说,提到发展还是经济范畴,和经济收入提高联系在一起。因此,这个框架恐怕也不能把我们整个国家发生的事情都概括进来。

在官方的话语里,中国当代最重要的事情是中华民族的伟大复兴,因此我们也可以在复兴的这个框架里来思考中国的问题。中国社科院做了一个中国复兴指数,每年公布一次,基本上是按照我们的目标——2049 年达到中华民族百分之百的复兴,每年往上调几个点。这也是一种思考中国发生事情的框架,但这实际上还是以经济赶超为

[①] 本文为姚洋教授 2013 年 11 月在上海交通大学安泰经济与管理学院的演讲。

框架来思考中国的变化。

我个人认为，用现代化框架来理解中国当前发生的事情是更适合的。我举几个例子。

第一个例子是中国模式问题。弗朗西斯·福山在他的著作《政治秩序的起源》里认为：自古以来，中国的优势就是有一个高效和强大的政府；在当代，这样的一个政府造就了中国的高速经济增长。在国内外，更有一些人总结了"中国模式"，认为中国的"威权体制＋市场经济"是一个完美的组合。然而，中国目前的体制是否就是终极模式？我觉得，要理解这个问题，用现代化进程这个框架会更容易一些。

第二个例子是政府与社会的关系。我们往往把它放在一个转型的框架中理解（因为我们从计划经济走出来，计划经济对社会的控制非常多），但同样用现代化这个框架来理解会更容易一些。比如我们现在经常讨论的城管，以夏俊峰案为例。2009年在沈阳，夏俊峰与城管发生冲突，用刀致城管两死一伤，被判死刑到底是不是应该？宣判之后有很多媒体讨论。这就涉及政府和社会、政府和经济的关系，如果我们仅仅放在转型这个框架（即政府让渡权力这个角度）去理解，我觉得是不够的，城管这个问题可能比我们想象的要复杂得多。如果我们在现代化的框架下来理解，可能会得到更加中性的看法。

再一个就是我们经常讨论的中国人的道德前景问题。一些人有今不如昔的心态，认为我们的道德在滑坡，所以我们应该恢复读经典、读古典、读孔孟之道等等。刚好我在《读者》杂志上看到五四运动之后傅斯年在《新青年》第6期上写的一篇文章，今天再登出来显然是有意义的。傅斯年这篇文章的标题叫作《中国狗和中国人》，他开篇就写：

> 有一天，我见着一位北京警犬学校的人，问他道："你们训练的狗，单是外国种呢，或是也有中国狗？"他答道："单是外国种的狗。中国狗也很聪明，它的嗅觉有时竟比外国狗还要灵敏，不过太不专心了。教它去探一件事，它每每在半路上，碰着母狗，或者一群狗打架，或者争食物的时候，把它的使命丢开了。所以教不成材。"

傅斯年接着写：

> 我听了这番话很有点感触，何以中国狗这么的像中国人呢？不是不聪明，只是缺乏责任心——他俩一样。

他认为中国道德或者文化传统是长时间形成的，是固有的。他当然不是仅仅说中国人不专心，没有责任心，而是对中国人的道德素养持全面的否定。五四时期这一代人完全地摒弃传统文化。还有一部分人——比如现在一些文化保守主义者——认为中国的文化决定了中国的命运。

我觉得两者看待我们文化的态度可能都是片面的、停滞的。采用一个更加宽广的框架来思考中国当代的一些问题，可能会让我们看得更清楚一些。

技术进步、生产组织、生活方式

下面我简单地回顾一下现代化的内容，还有现代化需要的新的行为规范。

现代化体现在哪些方面？我觉得体现在三个方面：技术进步、生产组织、生活方式。它们是联系在一起的。

技术进步是人类发展的动力，我们从原始社会开始，主要就是采集、狩猎，那时候技术非常简单；到了农业社会，我们有了农耕技术，有了剩余，可以养一些闲人，因而就有了文明；到了现代，有了现代工业，人类进入工业文明时代；在当代社会，信息技术让世界发生更快的变化，20年之后使用的技术今天都还没有出现。

技术的发展超乎想象。随着技术进步，我们的生产组织方式也会发生变化。在原始社会，我们以氏族为单位，因为狩猎需要大家的协同；到农耕社会，家庭成为生产单位；到了现代，就以工厂为单位；今天，很多小型公司出现了，人们甚至可以在家办公。这些变化都是技术带来的。科斯（Ronald H. Coase）说市场与企业的边界取决于交易成本，但是科斯观察的是水平的这一面，就是给定生产技术，市场和企业的边界取决于交易成本。他没有考察时间这一面。沿着时间这一维，我想生产组织的变化还是取决于技术，技术的进步最后会改变生产的组织方式。今天，由于技术的发展，我们的生产组织一方面变得非常繁杂，分工越来越细，另一方面社会协作越来越重要。这两者之间有点儿互相对立，这是现代社会的矛盾之一。

随着技术的进步和生产组织的变化，我们的生活方式也有很大的变化，最大的变化就是人口向城市集中。但是另一方面，人与人之间的距离却在增加，这就是社会学所说的生人社会。与此相关的是，由于分工越来越细，每个人的角色都很多样：你在工作单位是一个角色，在朋友圈又是一个角色，在同学面前是一个角色，在家里又是一个角色。

理性、私人空间、公德心

面对现代化产生的变化，我们需要什么样的行为规范呢？这里说的行为规范是比较抽象，但又应该落到我们生活中去的一些东西。我觉得现代化需要的行为规范归纳起来有三点：理性、私人空间、公德心。这三点不仅仅是对政府的要求，而且也是对民众的要求。

在传统社会，特别是中国人以血缘和地缘关系构造的社会里，人们的行为以情感为基础，如果情感没办法支配，就只好求助于独裁。以《秋菊打官司》这部电影为例。其实村长已经被抓去行政拘留过了，但秋菊就是觉得不够，要讨个说法，什么说法她自己也说不清楚。实际上，她就是要求村长在乡亲面前赔礼道歉。但是，法律并不这样要求，法律已经惩罚他了——他已经被行政拘留15天。秋菊的要求是基于情感，而不是法律的。

现代社会需要理智，需要法治。在政府这个层面，我觉得上海和北京是很好的对比，上海比北京理智得多。比如获取车牌号这件事。上海从1998年开始拍卖车牌号，而北京几年前才开始限制车辆，到今天还是在摇号。为什么要摇号呢？北京人的回答是：这样公平。听起来他们是对的，因为每个人获得车牌号的概率都是一样的。但这是一个听起来公平，实际上不公平的方法。为什么呢？因为最需要车的人可能买不到车。上海的拍卖制度非常理性：你不是急于用车吗？你可以去拍嘛，出价越高越可能得到车牌。北京人就会说：谁有钱谁就可以取得车牌，这不公平。但你细想一下，就会发现这是不对的，因为牌照价格没有高到限制购车的水平。如果你能买得起车，也绝对能付得起牌照价钱。牌照价格根本不会成为购车的约束条件，北京的摇号政策没有实现公平。

为什么当代社会需要更多的理性和更少的情感呢？我觉得关键在两个方面。一个方面就是我前面说的社会生活、生产组织越来越复杂。在一个陌生社会里，不运用理性解决不了问题。在一个村子里，如果家里有三个儿子，基本上可以称霸这个村子。为什么呢？因为拳头可以解决问题。以前我不理解为什么农村人喜欢生儿子，我问过老家的乡亲，得到的回答是："好打架呀！"但是，在城市里打架是没有用的，今天你把一个人打趴下了，明天碰到另一个生人你还得打一次。在生人社会里，你一路打下去就是很不理性的。

另一个方面，现代社会里时间成本非常高，而且这个成本随着你收入水平的提高会越来越高。这样，大家就不会去计较一些已经失去的东西、无法挽回的东西——我们在经济学里叫沉没成本。以上访为例，的的确确有些上访人员是不理性的，他们为上访花的钱和精力最后远远超过他们失去的东西。在现代社会里，这就是一种不理性的行为。然而，我们就处在这样一个转型期，必须面对这类事情。

在这里，我想比较一下道德和法治。道德在很大程度上是出于情感的，就像亚当·斯密在《道德情操论》里说的，道德是锦上添花的东西，是把你放在别人的位置上产生的情感。但是，道德的维度非常多，各维度之间可能是相互冲突的。

男女生谈恋爱时常问的一个问题就很有代表性："如果我和你妈掉水里，你先救哪一个？"其实，这对男生来说是一个没办法回答的问题，因为说哪个都不对。男生要聪明点就立即说："我当然先救你！"女生会很高兴，但回家一想，这个男生是不是不孝啊？他对母亲都这样，是不是以后对我也不会好呢？当然，男生要立即说："我当然先救我妈了。"女生就要立即说"拜拜"了。关键是，这两个价值——孝道和爱都是我们需要的，放到一起就起了冲突。

我以前关注过一些政治哲学的东西，最后发现所有的政治哲学学说都可以归结成简单的公理假设，这个公理假设是你不能推导出来的，这就是所谓的哥德尔定理。该定理说的是，一个形式逻辑系统不可能自己证明自己，即一定需要一个公理假设。所以，最终所有学说都是一种公理假设之间的抗衡。

这样，基于道德来制定我们的行为规范就会出现问题。比方说我们有一部法律，其中有一条说年轻人有定时看望父母的义务。这在现代社会显然很难实现，因为人口流动很多，看望父母这件事往往会和其他事情发生冲突。

所以我们需要法治。法治是基于理性计算得到的一套行为规范，因此内部不会发生冲突。法律可能是冷冰冰的，但却可以给我们逻辑一致的行为规范。

私人空间由两个因素产生：第一个是我们生活在生人社会里，每个人都希望有一块属于自己的地盘；第二个就是要有产权，因为这个世界变得如此复杂，你需要不断地分解和建立各种各样的产权。这些产权不仅是经济上的，而且还包括社会和政治领域的。

私人空间不仅是对政府的约束，也是对民众的约束。我想举抽烟这个例子。因为我自己不抽烟，特别反感抽烟，所以刚回国的时候总为抽烟的事和别人吵架。比如，那时候在公共汽车上看到有人抽烟，我就去说他，他就不高兴。在餐馆里，墙上贴着"禁止吸烟"的标识，但就有人大摇大摆地吸烟。这样的人是对别人私人空间的无意识，没有想到有些人不抽烟，需要私人空间。再比如排队这个问题。在农业社会中，大家无须排队，因为没有这个必要，因此现在也没有养成排队的习惯。其实，大家一哄而上也不见得快，但就是要这么做。对私人空间的漠视是其中的原因之一。

现代社会的第三个行为准则是公德心。法律永远不可能完备，所以我们需要公德心来无缝对接。传统社会也有公德心，但是适用范围很小。新闻上总有消息说一辆大卡车抛锚了，货物被周围的农民抢光了。在这些人的意识里，在村子里是不能偷盗的，村里因此可以做到夜不闭户，但是到了生人社会就不一样了，哄抢这种不道德的行为不在他们的道德考量范围之内。我特别不喜欢开车乱窜的司机，他们把车窗一摇起来，就觉得周围都是生人了，就不用管了，就横冲直撞乱开。但我相信，这些人回到家里也许是好父亲，回到母亲那里也是好儿子，回到朋友圈子可以为朋友两肋插刀。他们能接受的公德心只是对少数人的。

现代社会之所以需要公德心是因为理性，最终你会发现，不守规矩的结果是谁也占不到便宜。20世纪90年代末的北京比现在还堵，虽然那时候车少，但是非常拥堵，为什么呢？那时候马路当中没有铁栅栏，所以这个方向的车走不动了，就有车逆行，然后把对面的车都堵死了。所以，北京以及全国其他地方解决这个问题的办法是在路中间立上铁栅栏。我们的钢材需求量大，这也是原因之一。

我在杭州发现那里的交通秩序非常好。汽车可以在一个方向上排老长的队，没人逆行。所有的车只要看到有人站在斑马线上，马上就停下来。为什么杭州做得好呢？因为杭州对这类事情罚得狠，有许多摄像头拍摄，被抓住会罚几千元，这样大家都遵守规则了。

以现代化的框架理解当代中国

我们用上文的分析框架来理解当代中国的一系列问题。

"威权体制+市场经济"能不能作为中国模式一直存在下去？可能有人会说，新加坡不是做得很好吗？新加坡在短短的半个世纪里从一个极度贫困的国家发展成为世界上数一数二富有的国家，人均收入超过美国。这是一个奇迹。但是，我认为新加坡模式不适用于中国，因为新加坡是个小国，人口、面积大概都比不上北京的海淀区。我们试想一下，海淀区如果变成一个国家，恐怕也会很快变得非常富裕吧？问题的根源是，威权体制不适合复杂的社会。古代社会非常简单，皇帝不需要做很多的事情，只要能够抵御外敌，提供简单的公共物品如防洪救灾，就可以了。在今天这个复杂的社会里，让少数人来管理国家变得非常困难，因为他们不可能掌握所有的信息。

20世纪30年代有一个著名的社会主义大辩论，正方是奥斯卡·兰格（Oskar Ryszard Lange），反方是哈耶克等人。最终，哈耶克在辩论中失败了，主要原因是当时苏联发展非常快。哈耶克在辩论失败之后写了一本书，叫《通往奴役之路》，明确指出计划经济没办法解决信息问题：计划者不可能知道千千万万的消费者需要什么，不可能知道千千万万的生产者需要生产什么。最后，要获得足够的信息去实现计划，实行计划经济的国家最终会变成一个警察国家，走向奴役之路。

大家如果学习过高级微观经济学，就知道在三个条件下——匿名性、对称性、正向回应——唯一产生的集体决策的原则就是多数原则。最后一个条件比较技术性，前两个条件是现代社会秉持的自由主义价值观，就是平等地对待每一个人。所以，如果我们想反映所有人的利益，把每个人的利益同等对待，唯一合理的原则就是多数原则，也就是民主原则。

有人会说，我们两千多年的文明造就了我们今天的治理结构，甚至很多想改变中国的人也都把我们的问题归咎于我们的文化。他们的参照系是当今的西方社会。我觉得这种比较是有问题的：比较的时空错了。钱穆先生在《中国历代政治得失》里提出中华文明早熟论。在2500多年前，即所谓的轴心时代，三大文明——中华文明、希腊文明和印度文明——解决不同的事情：希腊文明解决人与自然的问题，它的目标是征服自然；印度文明解决我是谁的问题，它的特征因此是内省的；中华文明解决人与人之间如何和平相处的问题，所以我们活在当下，中华文明在很早的时候就找到了一套治理社会的办法。

不同的文明解决不同的事情，但是不能把文明看成固定的。我非常敬佩经济学家阿玛蒂亚·森的观点。他认为，在评价中国文化的时候，不要把中国文化与当代西方思想比较，而是要把孔子和柏拉图进行比较，因为他们生活在同一个时代。森问了一个问题：到底是柏拉图更赞同独裁，还是孔子更赞同独裁？他的答案是可能柏拉图更赞同独裁，因为他想象有一个所谓的哲学王统治我们，哲学王是一个绝对的权威；但是孔子却认为，如果君主做错了事，你应该直言相谏。事实上，中国古代的很多大臣都是直言相谏的。

儒家思想也不应该固化。现在社会上有读经热，大家读"四书五经"，然后按照过去的礼仪去穿戴，去参拜。我们为什么不能破除这些禁锢，把儒家文化里面好的东西发扬光大呢？难道西方现在所谓的自由民主就是希腊文明的全部吗？显然不是，希腊社会是一个奴隶社会，只不过现代西方往往避而不谈，只是把希腊文明里的一部分东西发扬光大了。我们为什么就不能把我们的好东西发扬光大呢？复旦大学哲学系的白彤东教授是研究儒家思想的，他认为中庸思想和薄版本的民主是相容的。什么叫民主？其实说白了就是妥协的过程。你说一句、我说一句，最后大家坐下来谈、投票，就是一个妥协的过程。这刚好和中庸思想是联系在一起的。中庸就是不要太过分，你让我一尺，我让你一丈，大家和平相处，这不就是民主的思想吗？

把威权体制想象成永久不变的东西是错误的。我们只不过是比西方晚走了300年，仅此而已，没有其他差别。西方社会在中世纪比当时的中国黑暗得多，那时候的西方被教会统治，基本上谈不上理性。我在欧洲的一份华人报纸上读到一篇文章，题目叫《"爸爸"们的故事》，"爸爸"就是教皇。上千年来，"爸爸"们的故事五花八门，非常堕落、非常腐化。其实古代社会都一样，都是黑暗的，只不过西方比中国走得更早一些而已。

第二个问题是关于国家与社会的关系。我觉得，从现代化和传统社会的冲突这个角度可以更好地理解政府和社会的关系。中国共产党不仅是一个革命政党，而且是带着浓厚的现代化追求色彩的政党。试想，1949年取得政权之后，共产党想做的事情是什么呢？是把中国建设成一个现代化的国家。北京也长期作为经济中心和工业基地。

但是，在推进现代化的同时，我们国家还是一个传统社会，是传统和现代交织在一起的社会。从这个角度出发，我们可以理解城管是怎么出现的。20世纪90年代末之前没有城管，出现城管完全是因为我们现代化的脚步太快。大家对比一下和中国同等收入的发展中国家的城市就会发现，它们的城市比中国的城市要脏乱差得多。不说印度，因为印度的收入水平比我们现在低得多，即使去泰国看一看，城市面貌也大不如中国。相对而言，中国的城市化是非常干净的城市化。这就是对现代化的追求，对超现代化的追求，脚步跑得太快了。可是中国还有一半的人生活在农村。农民要谋生，要到城里来摆摊，摆到马路上，城管去管就发生冲突。从情感出发，我们对城管的一些粗暴行为不满。但是，如果没有城管会是什么样呢？20世纪90年代没有城管，到晚上小摊就直接摆到马路中央了，那时车少还没有问题，但今天显然就不行了。

现代化过程中产生的矛盾还表现在其他方面。比如我们的城市建设，一方面追求超现代化的雄伟，另一方面又保留了古代社会的仪式性。古代社会的建筑不只是建筑，还是纪念碑，我们现在的许多建筑都带有树碑立传的意思。最典型的就是首都机场的T3航站楼。从天空往下看，它非常漂亮，像一只火红的凤凰；但是在地面上，它把人流集中起来，造成人为的拥堵，而且内部空间巨大，不仅浪费惊人，也让你感觉自己很渺小。这也体现了北京和上海的不同，上海要理性得多。虽然新天地的改造很成功，但我最喜欢的是田子坊的改造。它是陈逸飞生前带动起来的一片艺术社区，后来经黄永玉设计进行改造。改造之后，它让我想起纽约的格林威治村，建筑尺度适中，适合人的生活，楼下有商业，楼上仍然住人，很有生活气息。这是一种理性的表现。现代化不是铺张浪费，而是对人的尊重。

第三个问题是中国人的道德前景。我不认为我们的道德水平江河日下。我们现在多数民众持有的道德观是熟人社会的道德观，是只适用于周围的人的道德观，不是适用于生人社会的道德观。我们的问题是还没有学会生人社会的道德观。

这个问题怎么解决呢？我觉得过去100多年中国缺失了一部分东西，就是在现代化进程里缺了一环，即民众的教化过程。我写这句话的时候，自己都感觉需要一点儿勇气，因为在今天说民众需要教化，马上就会有人质疑：谁要来教化我？我们已经发生了一场自发的民主化进程，每个人都接受了所谓的个体价值的观念，不认为存在高出自己的教化者。但是，后发国家都经历过教化的过程。

日本在明治维新之后花了很长时间开办国民教育，在它殖民统治中国台湾地区和朝鲜的时候也把这一套带去了，当然目的是同化这两地的民众。20世纪70年代，韩国开展了新村运动。朴正熙1964年写了一本书《我们的国家》，是他政变之后的施政纲领。他写了很多，我现在能记住的就是他对朝鲜民族的紧迫感。他说：我们的民族被殖民统治这么多年，人民都变得猥琐、卑微、不思进取，我们要把我们的国民变得自立、自强、思进取。新村运动就是一个开端。新村运动一开始就像我们搞社会主义新农村建设一样，主要是为农村提供基础设施，到后期则主要是提高民众的素质，最后还扩展到城市。

现代社会道德体系的建立还是需要一定的权威的。就像我前面举的杭州的例子，法律惩罚可以让人们养成好的习惯。中国在20世纪的上半叶主要是战乱，新中国成立之后搞计划经济时是有教化的，但方式是通过组织压下来，到了改革开放之后马上就被冲垮了。有人因此说，市场化是造成道德滑坡的主要原因。我不这么认为，其实市场化反倒是容易建立起生人之间的道德规范。比如上海的商业化程度高于北京，因此上海人也许没有北京人热情，但相互之间的交往却更理性。

中国未来的路在哪里呢？我觉得大概也只有两条路可走，一条是更多的民主化，另一条是给予法律更多的权威。民主让人学会宽容。前文提到，民主的核心是妥协，民主不是你死我活，一定要把对方打倒，而是你好、我好、大家好。有了妥协之后大家才知道，别人还有私人空间，自己也得尊重别人的私人空间，这样公德心、公民意识才会建立起来。

当然，民主最大的好处是对政府有了更硬的约束。三中全会提出要建立现代政府治理体系。这里最重要的是约束政府。有人说，约束政府就是要改变官员的评价体系，让他们不要唯GDP论。为此有人提出，能否不统计GDP了？其实，不统计GDP，官员又会去竞争别的东西，比如税收。经济学家都知道多任务理论，即如果存在很多任务，代理人肯定会关注容易度量的那个任务。GDP、税收比其他任务更容易度量，官员因此更看重它们。

要解决监督政府的问题只能依靠民众的民主参与。比如，上海的磁悬浮列车本来计划应该从浦东机场延伸到虹桥机场，结果虹桥机场附近的民众抗议，没有修成。民众追求的不仅仅是GDP，也不是一个城市的什么名片、形象，他们要实惠的东西，这样就对政府形成硬约束。

再就是要给法律权威。我们总是说要建立法治，但法治不是空洞的东西，要落到实处，就必须建立法律的权威。当然这首先要求政府尊重法律，但同时也要求执法者成为法律的代表，要求老百姓对法律有足够的尊重。实际上两者做得都不充分。网上曾有一段视频，某人在三亚的一个停车场里倒车的时候撞到石头上了，就去找停车场的人理论，结果起了争执。旁边一位警察过来调解，结果这个人跟警察打起来了，警察就把执勤队叫来，把他打了。网络、报纸和电视上的评论一边倒地指责警察，人人义愤填膺。警察打人不对，但换个角度想，那个人是否给予了法律足够的尊重呢？如果换在美国，大家知道他的下场是什么吗？恐怕他的性命当场不保。不要误解我：我们当然反对警察滥用权力。但是，如果公民都不尊重法律的权威，如何能够建立法治社会呢？

现代化进程不仅仅需要政府的改变，也需要我们老百姓的改变。我们能不能接受一套新的行为方式，既用它来约束政府，也用它来约束我们自己？如果我们的行为方式还是那种古代的、以情感为基础的熟人社会法则，就无法约束政府，也不可能实现真正的民主和法治。

第七章　中国经济的底层逻辑

对中国改革开放的哲学思考[①]

借着总结顺德40年发展经验得失的契机，我从哲学层面探讨一下整个中国改革开放以来的成功所在。我将其中最主要的哲理归结为三点。

务实主义

第一点是务实主义，这一点也是我最想说的。在我看来，邓小平所开创的务实主义道路是中国改革开放成功最重要的因素。当然，我也很认同渐进式改革、双轨制等类似的改革经验总结，但我认为最根本的还是邓小平开创的务实主义道路。

---

① 本文为姚洋教授2019年在"中国县域经济发展论坛"暨《顺德40年：一个中国改革开放的县域发展样板》发布会上的演讲。

中国共产党是西风东渐的产物。中学课本里就提到"十月革命一声炮响，给中国送来了马克思列宁主义"。这并不是一句虚话或口号，是实实在在的表述。马克思主义是经由俄国传到中国，中国共产党的成立本身就是世界革命的一部分，是中国向西方学习的一部分，中国共产党是一个革命的党。

在经历新民主主义革命、社会主义革命之后，中国进入邓小平时代。他没有继续革命，转而用一种务实主义的态度把重点放到经济建设。中国共产党也随着这个工作重点的转变从革命党转变为执政党，甚至还要再加一句，从西方意义上的革命党转变为中国意义上的执政党。中国共产党开始回归中国的现实和传统。也许100年或200年以后的历史学家再回顾这段历史，并评定邓小平的贡献或中国共产党的这一转变时，可能会比我们今天看得更清楚。

大家都说邓小平是中国改革开放的总设计师，这样的溢美之词充分表达了尊重和感恩。但邓小平本人可能对此一笑置之，因为他一开始也并不清楚地知道中国这条道路到底该怎么设计，只知道一个大概的方向，那就是如果中国再不集中精力提高老百姓的生活水平，中国和发达国家的发展水平再一步步拉大的话，中国就有被开除"球籍"的危险，这是一个很朴素的概念。为此，我们就得敢于去尝试，就得通过改革开放打破观念上的禁锢，包括对制度和意识形态局限性的突破和延展。

1979年4月，邓小平同志与在北京参加中央工作会议的广东省委领导谈话时指出："你们上午的那个汇报不错嘛，在你们广东划出一块地方来，也搞一个特区，怎么样？"①但特区能不能真正搞起来，搞起来以后会变成什么样，他心里也没有十分清楚的蓝图和把握。5年以后的1984年，他一定要去特区看一看。从他的回忆录来看，即便是1984年到特区之后也没看到特别大的成就，但他没有说什么。这也是他的过人之处，先不急于定论，只要方向大体正确，不妨再留出一点时间观察和试验。改革慢不得，但也急不得，只要方向对，好方法早晚会摸索出来。基本上也就是从1984年开始，深圳起飞，蛇口从出口加工区一步步走出一条强劲的工业化道路。深圳的特区经验也给后续的特区建设带来很好的示范效果，以点连线，以线带面，快速铺开。所以，邓小平的智慧就是方向大致正确，方法上"摸着石头过河"，用一种务实主义的态度处理改革和开放问题。

地方试验

第二是给地方政府自主权，让地方政府有试验的空间。在这方面，顺德给中国的改革带了一个很好的头。邓小平去南方视察，何享健受到了鼓舞。美的从一开始到1992年都是一家集体企业。何享健后来就动手改制，变成员工持股，然后在香港上市。但5年以后发现效果不理想，人人持股等于人人不持股，大家热乎劲一过又回归平均主义的低效。于是1997年他再启改革，把公司从香港转回A股上市，

---

① 《邓小平的经济特区思想》，参见：http://cpc.people.com.cn/n1/2018/0510/c69113-29977152.html。

并彻底改制，成为一家民营控股企业，这从根本上造就了今天的美的。美的是中国企业改制成功的一个典范，也是企业传承的典范，何享健没有把经营管理权传给自家人，而是传给方洪波这位优秀的职业经理人。因此，在改革和传承上，美的都有很高的案例价值。中国另一个国企改革的样板是山东诸城，诸城的改制走了另外一条路。

顺德和诸城为什么要进行国企改革？为什么敢于进行国企改革？1999年，我到顺德调研时询问当时的经委主任："你们这样改制国有企业，有没有批评你们国有资产流失的压力？你们怕不怕？"他说不怕，也没有压力，因为给国有企业改制不是资产流失，而是帮国有资产止血。当时的很多国企表面光鲜，实际上是一个空壳，不少厂长、经理都在私底下掏空企业，有些企业开工之日就是亏损之时。顺德人就认为无论国有资产、民营资产都是咱们国家自己的资产，都应该成为能造血的资产，这样产业才有希望，国家才有前途，因此需要改制的就要改制。

同时，顺德、诸城等不同的地方政府当时为什么敢改革？除了作为基层干部对国有企业的现实有真切的认识，还要归功于中国改革开放之初所形成的共识：允许地方试验。如果没有高层鼓励地方试验和容错创新的大环境，改革也不容易取得这么大的成功。

以公开讨论凝聚改革共识

第三是高质量的公开讨论凝聚改革共识，这是非常重要的。改革开放能走到今天这个地步，是和 20 世纪 80 年代比较开放的讨论环境高度相关的。中国当时要尝试不同的方向，而开放的讨论非常有利于探寻和论证方向的正确性。其中最著名的就是 1984 年的莫干山会议，通过将近 10 天的公开讨论，帮助政府确定了价格改革的方向。

北大国发院过去 20 年间参与了很多公开讨论。我想举两个例子来说明公开讨论对于凝聚共识、推动改革的重要性。

第一个例子是周其仁老师在中国"入世"之前参与了关于电信改革的讨论，他当时提出了一个大胆的设想，叫作"数网竞争"，把中国电信分拆成几家企业同台竞争。这在当时是个石破天惊的想法，很多人认为这样做是资源浪费、重复建设。而周老师认为竞争的好处超过重复建设的成本。他当时几乎完全是凭一己之力参与讨论，而且处于工信部的对立面，至少完全不是工信部最初预期的方案。但讨论到最后，工信部把他请去，并最终高度采纳了他的分拆方案。如果当时没有公开讨论，仅仅是周老师向工信部领导递交一个方案，恐怕很难被采纳。因为没有足够的讨论，工信部即便理解并有心选择周老师的方案，也还面临公众质疑的巨大压力。更何况，真理越辩越明，只有经过充分的讨论，正确的方案才能从各种杂乱的方向中剥离出来。

第二个例子是我们 2018 年参与的民营企业讨论。2018 年上半年，民营企业遇到很多困难，特别是在股市上，很多民营企业的股价跌去百分之六七十。对于一些股权质押率较高的企业来说，面临着被强行平仓，甚至失去控制权的危险。这种情况下，有些人开始讲什么民营企业"退场论"，重新进行社会主义改造等等，搞得民营企业雪上加霜、人心惶惶。9月20日，北大国发院专门举行了一场公开讨论，把各位参与者的发言稿都通过自媒体传播出去，带动公众讨论。后来多位国家领导人发表讲话，直到最高领导人11月1日召开民营企业家座谈会，不仅彻底扭转了民营企业"退场论"等错误观点的蔓延，而且对民营经济的地位和改革方向都有里程碑意义。

  从这两个例子里我们得出的经验是：为政府写报告、做内参固然重要，但公开的讨论一样重要，甚至更重要，因为公开的讨论既有利于去伪存真，也有利于凝聚共识。去伪存真才有利于形成正确的改革方案，凝聚共识才有利于提高改革方案的社会公信力和执行力。

  以上三点既是对过去的总结，也应该是我们未来进一步改革和发展的重要参考。

从过去 70 年到未来 30 年：
中国经济的逻辑与挑战[①]

2019 年是中华人民共和国成立 70 周年。回顾和总结这 70 年的发展历程，我们会发现，中国的发展道路不仅是适应本国国情的成功道路，而且也对世界其他发展中国家具有启示意义。

自从党的十八大提出 2020 年要全面建成小康社会以来，中国共产党又进一步提出了"两个一百年"奋斗目标。即在中国共产党成立 100 年时全面建成小康社会，在新中国成立 100 年时建成富强、民主、文明、和谐的社会主义现代化国家。

在 2020 年全面建成小康社会，实现第一个百年奋斗目标的基础上，再奋斗 15 年，在 2035 年基本实现社会主义现代化。从 2035 年到本世纪中叶，在基本实现现代化的基础上，再奋斗 15 年，把我国建成富强、民主、文明、和谐、美丽的社会主义现代化强国。

可以说，2020 年既是过去几十年发展的一个阶段性的节点，也是面向未来的新起点。

站在历史的节点上，我们回顾过去 70 年中国经济社会发展经验和启示，是为了走好未来的路。未来 30 年，我们面临的是一个全新

[①] 本文写作于 2019 年底，首刊于《凤凰周刊》第 709 期。

的环境、更高的挑战。

挑战和机遇共存，虽然眼下中国经济正面临一些大大小小的压力，但是这些问题都是发展中的小问题，并非不能解决。长期来看，只要继续坚持开放创新，继续发挥市场作用，中国经济稳中向好的大趋势不会改变。

至于政府、金融机构、企业、学者，以及我们每一位普通人，用短期和长期不同的眼光来看，能做的事情还很多。但说到底，还是要把目光放远，才知道中国经济底气何在。

中国70年经济发展经验值得全球发展中国家借鉴

新中国成立70年来的发展历程，是一个后发国家迈向现代化的成功案例。

这70年，我们基本上可以分成两段。前30年，中国在普及基础教育、提高人民健康水平、妇女解放方面取得了巨大的成就，不断促进人的全面发展，促进社会公平正义。这些都为日后中国经济的腾飞奠定了坚实的基础。

这30年，中国建立起了工业基础，也培养了很多人才，在空间技术、航天技术、导弹技术等领域走到世界前列。今天，我们在这些领域的优势也都与那30年的积累有关。

但我们还是要看到，经济有它自己的发展规律。新中国前30年很多的成就是靠一两代人勒紧裤腰带换来的，这种闭门式的自主创新代价过于昂贵，同时也有一些惨痛的经历，比如"大跃进"。这些都给我们留下了宝贵的教训。

回顾过去70年历程，改革开放可以说是新中国成立以来浓墨重彩的一笔。40年前开启的这场改革，正是因为以全体人民的长远利益为重，相关经济政策的制定和实施主要是以国家的长远经济发展为导向，因而取得了举世瞩目的历史性成就。

以对外开放为例。中国对外开放从沿海起步，由点到面逐步展开，由东向西渐次推进。虽然从短期看，内地和沿海的经济差距因此有所拉大，但从长期看，这些政策对中国经济的腾飞起到了关键性的作用。

通过对外开放，中国获得了更多推动发展所必需的资金、技术、资源、市场、人才，丰富了人民的物质文化生活，不断为经济发展注入新动力、增添新活力、拓展新空间，创造了举世瞩目的中国奇迹。

总的来看，中国的改革开放是党和政府自主的选择，也是按照我们自己的节奏展开的。虽然中国这一发展道路不一定能够被其他发展中国家复制，但是提高国内生产能力和吸收国外先进技术能力的做法是每个发展中国家都可以借鉴和学习的。

至于中国经济体量的增长，变化最大的还要说是过去10年。2008年，中国GDP总量为3.37万亿美元，是美国的1/4、日本的2/3。但是到了2018年，中国的GDP总量已达13万亿美元，已经是日本的2.4倍、美国的2/3。

中国为什么能够取得这样突飞猛进的发展成就？我认为最重要的经验有三个。

第一个经验就是中国坚持对世界开放，主动融入世界。特别是加入WTO以后，中国经济多年积蓄的力量井喷式地爆发出来。

第二个经验是让市场起作用。中国过去40年的成功，绝对是因为我们产生了更多的市场。因为开放发展，有了市场，有了需求，就更有发展的动力，这是一个良性循环的过程。

在中国，政府与市场应该保持何种关系的讨论从来没有停止过。历史经验证明，放任自流的市场经济从来就没有存在过，一个国家总是在"有为的政府"和"有效的市场"之间取得平衡。

这些年来，我们把处理好政府和市场关系作为经济体制改革的核心问题，使市场在资源配置中起决定性作用和更好地发挥政府作用，不断地在有为的政府和有效的市场之间寻找最佳平衡点，最终走出了一条既符合中国国情，同时又具有世界意义的发展道路。

第三个重要的经验就是要有公开的讨论。1978年十一届三中全会，党内进行了持续一个月的讨论，最后形成共识：实践是检验真理的唯一标准。只有讨论，才能够凝聚共识。之后，不论是20世纪90年代的国企改革，还是中国"入世"谈判，其间都有非常深入的讨论。这些公开的讨论，最后让老百姓也知道为什么要改革、为什么要"入世"，对我们凝聚共识、认清形势、少犯错误是非常有帮助的。

通过金融创新，恢复"血液输送"，把信心提振起来

2019年是中国经济发展备感压力的一年，但这并不意味着中国经济就要走"下坡路"。对过去一段时间以来的金融、产业等政策的观察和反思可以帮我们找回信心，找到提振经济的方法。

首先是金融方面。从2012年到2016年，政府机构通过去产能、去库存等一系列措施，将中国经济从周期性的低谷中拉回，并在这个基础上出台了资管新政。

资管新政的目标是"去杠杆"。"去杠杆"的初衷和方向当然是对的。人们却发现，在"去杠杆"的过程中，国有企业的杠杆率有所下降，但是一些民营企业因为负债变多，杠杆率反而更高了。

从2018年起，经济开始渐趋紧张。在我看来，原因在于"去杠杆"太猛、太快、太严厉。

"去杠杆"目标在于控制风险和打击金融诈骗等。具体的举措主要包括两项内容：第一，银行表外业务转入表内，资管业务从银行剥离；第二，整顿资金池，清理通道。然而，这两方面的措施同时导致了不太好的结果，即切断了银行资金流向实体经济非常重要的通道。

特别是在经济大环境不太好的情况下，"去杠杆"让流动的资金量减少，也令大家的预期变坏。甚至有时候银行主动要给企业贷款，企业都不敢要，这是因为企业对未来发展和扩张缺少信心，担心承担更多债务。

金融是一个国家整体经济的"供血器官"，如果"血液"都抽干

了，或者失去了流动的通道，经济就没法运转。我认为，监管部门应该重新考量资管新政，要在金融机构和实体经济之间重新架起"血液输送"的通道，让更多资金顺畅地流到实体经济中去。

大家不难发现，我们的银行，特别是大银行，往往都不愿意给中小企业贷款，这是有原因的。原因之一就是中小企业的经营风险本来就高，而贷款需要银行付出的各种成本也多，银行自然没有动力。

如何让银行的资金流到实体经济去？我们可以依靠金融创新，想出更多办法。比如，是不是可以考虑在市场中成立一些金融公司，由它们设立一些金融产品，这些公司作为中介，在银行和投资项目之间架起桥梁。相比银行，这些公司对底层的资产是更清楚的，对项目的了解也更多。银行只需要给这样的金融公司投钱。投资后，银行可以实行强监管，监控资金的流向和使用。

此外，要修复由于"去杠杆"而遭到打击的直接融资手段，如信托和委托贷款。过去，地方政府专项债可以撬动更多的民间资金，主要是通过信托和委托贷款完成的。现在信托和委托贷款的空间被压缩，地方政府的投资就失去了放大效应，致使财政政策的效果大打折扣。

总之，要想各种办法，防止资金拥堵在某一个层级下不去，要让银行的"血液"流动起来，让整个经济运转起来。

技术创新要有耐心，中国企业未来会更好

最近10年，中国企业发展迅速。这一变化从2008年到2019年

中国企业在全球500强中的数量变化就可以看出来。

与此同时，我也听到有企业家发出"今年可能是未来10年最好的一年"这样的担忧。这样的判断未免太悲观，虽然过去两年是改革开放以来企业，特别是民营企业面临的形势最严峻的时期。企业发展应看得更长远一些，不能老看脚下，一定要相信经济周期，要为新的周期做好自己的准备。未来一定会比现在更好。

当然，经济要向好发展，世界经验告诉我们，一定要依靠市场，要坚持技术创新。

有观点认为，技术创新需要依靠举国体制，举全国之力来支持。对此，我们要有足够的警惕。

中国发展到今天，从移动支付到人脸识别，很多领域已经越来越接近世界技术的前沿。可引进、模仿和整合的技术越来越少。比如在互联网、AI、区块链等很多领域，全球都在探索，未来的路径无人知晓，中国若要走在前列，就必须更多地依靠自主研发投入。这种情况下，就要依靠分散在市场的创新者，还有VC（风险投资）、PE（私募股权投资）等。

科创板的推出就是一个很好的举措。我们要给企业和投资机构一个出口，科创板就提供了这样的一个场所。科创板要搞好，一定要强调信息披露，可以宽进，但是一旦发现造假等问题就要严罚。不要把科创板变成企业圈钱的地方，从而失去公信力。

事实上，对于技术创新，我们可以看到企业是有很强的动力的，例如华为等。很多企业正在一步一个脚印地往前走，主动把利润投入技术研发、改造中去。

至于政府需要做的，就是不要过于着急，把握好产业政策的度，给企业适当的鼓励政策，如加速设备折旧等，但不能急于求成、大包大揽。

创新从来不是一蹴而就的，需要巨大的耐心和一定的时间。技术创新是一个慢活，必须要积累到一定地步才会有创新。同样，通过技术创新调整产业结构、提振实体经济也不能过于着急。

让市场成为我们创新的主力、创新的主战场，这是中国经济未来的希望所在。

面对全球竞争，中国不应该感到害怕，因为对手越强，我们能力的提升也会越快，同时我们还具有很多优势。

首先，中国拥有完整的工业体系，有工业部门中任何所需的部件、技术，就算在某些领域的技术和生产能力不足够出色，也还堪用，因而能在世界范围内的市场竞争中保持较强的抗风险能力。

其次，中国的市场足够大，这意味着企业发展的前景值得期待。例如中国平安保险集团这个完全立足于中国市场的企业，能在2019年世界500强中排到第29位。为什么企业能发展到这种程度？就是因为中国巨大的市场。所以，不论是国内的企业，还是外资企业，都一定会看到中国市场的价值，不会轻易离开。

最后，政府政策调整的速度足够快，一看到经济有下行的压力，就会有一些激励性的政策出台，保证经济平稳过渡。

未来30年，中国面临的挑战

在中国共产党第一个百年即将到来之际，中国已经提出了未来30年的战略。未来，中国面临的是一个更为复杂、变化莫测的世界。但是挑战与机遇并存，中国若要继续发展，许多地方还需谨慎面对。

首先，我们要争取一个宽松的国际环境。以前中国经济的体量小，别人不太注意我们。但是现在，随着体量越来越大，如何争取一个对我们发展有利的国际环境是一个挑战。

必须要认识到，在全球化的今天，经济若要发展是一定会有竞争的，但是要把竞争限制在市场的环境里，避免把它变成国与国之间的竞争。

中国过去40年的经验告诉我们，我们可以很好地把政治、地缘竞争和商业分开。我们做到了与世界各国在经济上高度融合，但是在政治上保持独立，在地缘上保持实力。

今天，面对与美国的贸易谈判也一样，不要让起伏不定的谈判动摇中国开放创新的基本原则。2019年，包括我在内的一些中美以及其他国家的学者针对中美贸易谈判发起了一个联合倡议。我们建议，中美在深度融合和脱钩之间，可以找到第三条道路。具体到谈判上，谈判可以分阶段进行，先搁置一些难谈的东西。一方面，美国不要期待中国变得跟美国一样；另一方面，脱钩对中美、对全世界来说都是灾难性的。我们只能走一个中间道路。

人口老龄化是我们面临的另一个挑战。人口老龄化的挑战并不在劳动力供给方面，可以预见，自动化在未来可以替代很多劳动力。人口老龄化的真正挑战在于社保。我们现在已经开始做的全国统筹、社保基金入市等，都是未雨绸缪。另外，延迟退休的步伐也应该加快了，可以小步快进，每年延迟半岁或一岁退休，让人们逐步接受。

国有企业改革也是我们面临的挑战。现在很多国有企业还在吃2001年到2012年高增长的老本，但是能吃几年呢？国有企业在20世纪80年代也曾吃老本，但到了20世纪90年代，亏损开始集中爆发，紧接着的改革引发了剧痛。如今的国有企业也应该把目光放得长远些，要看到未来可能面临的危机，提前规划，提前改革。

混改是目前国企改革的一个方向。我们到基层去看，很多企业混改程度很深，国资占的份额很低了，一些国资并不是占有主导性的股份，不去谋求控股。我觉得混改是很好的解决方案，它能发挥国企在创新上投入大的优势，也能发挥民企将创新变现的优势，两相结合，再通过激励机制调动员工的积极性，就是最好的解决方案。

除此以外，我认为我们今天面临的很多问题，例如创新突破、教育等，其实都是发展过程中遇到的一些小问题，都可以通过发展来克服。

面向下一个百年目标：中国要努力成为规则制定者

中国走到今天已成为一个全球大国，中国经济发展对全球的贡献是非常明显的。特别是在过去10年，世界的经济增长大概有1/3是由中国推动的。这些年，中国对外援助也增长得非常快，为很多贫困国家提供了巨大的帮助。另外，中国作为后发国家，在经济发展中的脚踏实地、务实主义，也为一些发展中国家提供了借鉴。

未来，中国应该让世界分享中国经济增长的红利。过去，当中国经济体量比较小的时候，我们只需要加入现成的国际体系，让其他国家接受，就可以从中获益。但如今中国经济体量已经足够大，我们不再也不应该只是一个规则的跟随者，可以尝试成为领导者之一。所以，如何以一个新的对外开放姿态成为世界秩序规则的维护者，应该是我们下一步的目标。

在过去，中国参与全球化、开放市场的目标非常明确：要从世界获取资源。我们加入WTO，是因为我们要开拓产品的市场；对外资开放，是因为需要外国的资金和技术，这些都要从世界上获取。

到今天，中国GDP总量是美国的60%多，我们每年的增长占到世界的约30%。在这种情况下，我们要思考如何让世界分享中国经济增长的成果，要承担起一些责任，而不再是只想着怎样更多地把产品卖出去，怎么从其他国家获得更多的技术。

中国到了一个参与世界规则制定的阶段。近年来，由中国倡议和发起的金砖银行、亚投行、"一带一路"等，都是在参与世界规则的重新制定。但是参与的过程中，我们是另起炉灶、和美国建立一个平行体系，还是在同一个体系下参与国际秩序的重新建立，是必须面对也必须思考的问题。

在这个过程中，我们应该更多地采纳多边国际机制，这样参与国际秩序的建设会更加顺当一些。已经有越来越多的国家接受金砖银行、亚投行和"一带一路"倡议,我们也要继续思考如何把它们推向深入。

有人担心,中国若想成为规则制定者,必定会引起其他国家的警惕和防御。实际上,关键还是要看我们如何摆正自己的位置。要做规则制定者,就不能仅仅考虑自己的利益,而要考虑全世界的平衡,甚至可能在一定程度上还要放弃一部分自己的利益诉求。根本性的利益我们当然不能放,但有一些领域可以考虑让别的国家一起来获得经济增长的好处。

比如在 WTO 改革中,关于发展中国家地位等问题的博弈。加入 WTO 对中国经济发展的影响是无与伦比的。从 2001 年到 2008 年短短 7 年间,我们的出口增长了 5 倍,每年以 30% 的速度在增长。没有 WTO 就没有中国的今天,所以,中国应该作为 WTO 坚定的捍卫者,在 WTO 的框架里多做一些事情。

"一带一路"也是中国承担国际责任的一部分,我们的初衷是帮助"一带一路"上的国家共同发展经济,只要稳稳抓住这个核心,自然会带去更多的影响。下一步,我们应该思考如何把"一带一路"做成像亚投行那样的多边机制,让其他国家和我们一起来推动"一带一路"沿线国家的发展。

总之,面对复杂的外部环境,从短期来说,我们现在最主要的是稳定信心;长期来说,中国经济韧性超过了世界上的很多国家,虽然面临一些挑战,但稳中有进、稳中向好的大趋势不会改变。

一则关于中国经济增长的短故事[1]

中国自1978年以来的经济增长堪称奇迹。关于这个奇迹出现的原因，有许多故事可以讲。但是，无论什么样的故事都可以浓缩成一则简短的故事，题名是《储蓄》。

这则短故事的起点是一个常识：经济增长的过程，就是把今天的产出节省下来一部分，花到有利可图的投资上面，从而提高明天的产出。大到一个国家，小到一个家庭，无不如此。过去的地主老财多数是靠省吃俭用发家的，当代的城市白领花钱学习的热情高涨，自然也是希望提高自己的收入能力。

近20年来，我国的基础设施投资增长迅猛，一些人就把投资和基础设施建设画等号了。但是，投资远不止基础设施建设。企业更新厂房和机器设备自然是投资的一部分，政府和企业的研发也是投资，教育也是投资。过去，国民经济核算把研发作为政府支出或企业成本，不计入GDP，现在则计入GDP。虽然教育支出仍然被记为家庭或政府的当期消费，不算国民储蓄的一部分，但这并不否定教育作为投资的性质。

从大卫·李嘉图、马克思到罗伯特·索洛，研究经济增长的经典

---

[1] 本文写作于2018年。

理论家无不把储蓄和资本积累放在经济增长的首位。

但不知什么原因，进入20世纪70年代之后，储蓄的作用被矮化。在这个时期，拉美国家把宝全部押注在国外资金上面，结果演变为万劫不复的主权债务危机，工业化进程戛然而止。以美国为代表的先发工业化国家没有从中汲取教训，而是躺在后发国家（先是日本和德国，后来是中国）经常项目盈余以及不断增长的石油美元之上，开始了寅吃卯粮的生活。但是，好景不长，2008年的全球金融危机敲响了"美国生活方式"的警钟，而像希腊这种寄生在欧盟身上的国家更是被国际市场无情抛弃。

事实证明：经济增长没有捷径，节俭永远是一种美德。

由此反观中国，任何不带偏见的观察者都不得不承认，中国是经济增长的优等生。即使是按照国民经济核算口径，我国的国民储蓄总量也是惊人的。

事实上，我国的高储蓄从"一五"期间就开始了。共产党所继承的中国，是一个一穷二白的农业国。然而，即使是在那样困顿的情形下，"一五"期间的积累率也达到24.2%，"二五"期间更是高达30.8%。经过三年调整时期，"三五"期间的积累率恢复到26.3%，到"四五"期间更是冲高到33.0%。高积累的代价是沉重的。农村实行统购统销，农民饱受价格剪刀差之苦；城市实行低工资政策，城市居民生活水平停滞不前。可以说，计划经济时代的高积累是以牺牲一代人为代价实现的。然而，我们的成就也是毋庸置疑的。通过高积累，我国建立起了较为完整的工业体系，培养了大批研发和技术人员以及人数众多的产业工人，为改革开放之后的经济腾飞奠定了坚实的基础。

改革开放之后，我国的国民储蓄率继续提高，到2008—2010年达到52%的顶峰。对于一个大国而言，这样的储蓄率只有在二战期间才出现过。和计划经济时代不同，储蓄的主体由国家转化为居民和企业，两者合计贡献了我国储蓄总量的90%。但是和其他国家相比，中国最突出的特点是政府贡献了10%的国民储蓄。在政府经常性收入当中，30%~40%是用来投资的。在其他多数国家，政府的日常支出往往大于其财政收入，因而要靠借债来维持消费。从这个角度来看，我国政府比世界上多数政府都要节俭得多，所谓"政府太大"的神话不攻自破。

那么，如何解释企业和居民的高储蓄呢？这些年来，学术界给出了很多解释，但下面几个解释可能是最为靠谱的。

其一是人口红利和劳动力转移，或曰"人口双转型"。始于20世纪70年代末的计划生育政策，无意间让改革开放赶上了我国人口红利的快速上升期，两相叠加，极大地推动了我国的经济增长步伐。特别是2001年加入世界贸易组织之后，我国产品获得巨大的世界市场。而"人口双转型"压低了工资，市场扩大所创造的额外价值多数变成了企业的利润。由于很少分红，我国企业把几乎所有利润都用来再投资。因而，随着经济的扩张，企业储蓄自然提高。

其二是居民收入的增长。莫迪利亚尼（Franco Modigliani）的生命周期理论告诉我们，一国居民的财富总量和该国GDP的比例是一个常数，因此一国的居民储蓄率（财富增加量和GDP的比值）和该国的经济增长率成正比。莫迪利亚尼与他的中国合作者的研究表明，改革开放之后经济增长速度的提高在很大程度上可以解释我国储蓄率的提高。基于我国2001—2010年家户数据的微观研究，往往得到下面的结论：如果家庭人均收入提高1倍，则家庭储蓄率提高14%~19%。这完全可以解释这一时期全部居民储蓄率的提高。

其三是收入分配的变化。自20世纪90年代初期到2008年，劳动者收入占国民收入比例不断下降，居民可支配收入占国民收入的比例从近70%下降到58%的低位。由此而腾出的收入份额基本上被企业利润所吸收。这意味着，这段时间里，我国的收入分配发生了相对的负向转移，即劳动者的份额下降，资本拥有者的份额上升。凯恩斯早就告诉我们，在一个国家内部，高收入者的消费倾向比低收入者的要低。因而，随着资本拥有者收入份额的上升，居民的平均储蓄率必然上升。

靠着巨额储蓄，今天的中国已经不再是一个资本稀缺的国家。自2016年起，我国更是成为长期资本净输出国。展望未来，巨额储蓄将极大地提高我国的研发和教育投入水平，助推我国实现向创新大国的转变。

然而，凡事总是有两面性。储蓄是美德，也产生烦恼。对中国而言，最大的烦恼是流动性的增加。由于要维持固定汇率，央行在过去的20多年里积累了大量外汇储备，资产负债表被动扩张。除2015年、2016年两年，基础货币的投放基本上是由外汇储备的增长造成的。外汇储备是我国的对外债权，也就是一种储蓄。所以，我国M2

增长的源头是我国对外储蓄的增长。外汇储备如同一座水库，当对外储蓄增加的时候，这座水库的蓄水量就增加。而且，除非我国增加对国外产品和服务的购买，否则水库里的"水"总是要流到下游，即市场里去的。央行可以做的，是通过控制央票的数量和存款准备金率来调节水库闸口的大小，视实体经济情况让"水"流得快一点儿或慢一点儿，但不能改变"水"的总量。比如，全球金融危机爆发之后，我国实行了所谓的"四万亿"财政刺激政策。许多人说这是"大水漫灌"，但看一下央行的资产负债表就会发现，央行的基础货币发行增速在2008年至2009年并没有异常提高，投资的增长主要来自商业银行信贷的扩张。这不过是相当于把水库的闸门开大了一些，不是央行无中生有地制造了更多的货币。我国的金融体系以银行为主导，而后者的存贷业务产生乘数效应，自然增加货币的数量。但是，不同于美联储、欧洲央行或日本央行无中生有地制造货币，我国央行的基础货币基本上来自外汇储备的增加。因此说到底，"四万亿"还是来自我国的储蓄。（由此想到，关于中国经济增长最不靠谱的说法，是中国的增长是靠"负债驱动的繁荣"。这种说法不仅展现了论者的无知，而且说得严重一点儿，是对几代中国人勤劳节俭的侮辱。）

流动性太多的最大问题是推高资产价格。无论是房价的上涨，还是股市的泡沫，都与流动性太多有关。这些流动性是储蓄导致的，因而不能像美联储那样通过央行缩表回收。事实上，如果不增加进口，这些流动性将永远存在下去。

在进口不会快速增加的情况下，我们就必须在国内想办法。在生产方面，大量增加直接融资的比重，鼓励居民和企业投资科技进步事业，是消解流动性问题的一个办法。在消费方面，政府应该通过增加支出带动居民消费，以减缓流动性的增加速度。"勤劳致富"是中国人的美德，也是过去70年政府政策背后的道德逻辑。但是，今天的中国可能已经到了该"适度享受"的时候了。政府转型已经讲了几十年，之所以收效甚微，原因很多，但根本性的原因是各级政府重生产、轻福利。

十九大报告指出，在现阶段和未来一段时间里，不平衡和不充分的发展是我国社会的主要矛盾。提高普通民众的福利，应该是实现更加平衡和更加充分的发展的应有之义。新时代需要新思维，观念转变之后，中国故事才会更精彩。

中国模式及其前景[1]

中国在制度转型和经济发展方面走出了一条具有世界意义的中国道路。同时，中国的许多经验对世界主流经济学和政治学理论提出了挑战，这给了我们机会，让我们可以通过研究中国形成伟大的理论。反过来，既然中国的经验具有世界意义，那么中国是否就可以摆脱世界经济和政治发展的一般规律？这是决定未来20年中国走向的最重要问题。

中国模式是最近学界讨论得较多的话题。中国经济在过去30年里取得了举世瞩目的成就，按可比价格计算，经济总量增长了15倍，人均国民收入增长了12倍；按现价计算，2009年人均国民收入达到3400美元，即将跨入中等发达国家行列。这无疑是了不起的奇迹。那么，中国是否创立了自己的发展模式？

这个问题无论是从国内还是从国际的角度来看都非常重要。国内的意义在于总结过去、指导未来。中国过去30年的前20年都在改革，而后10年的改革似乎到了一个十字路口，需要探索下一步该往哪里走。

在国际上，这涉及中国如何将自己呈现给世界，以及世界如何看

---

[1] 本文写作于2010年，首刊于《中国市场》。

待中国的问题。未来20年，中国可能还会保持高速经济增长，中国需要对自己在世界上进行正确定位。国际上有"华盛顿共识"和"北京共识"之说，前者代表新自由主义经济学，后者提倡政府干预。尤其是在金融危机之后，把代表前者却失败的美国和代表后者且成功的中国进行对比的风气更加盛行。比如，美国乔治·华盛顿大学著名中国问题专家狄忠蒲（Bruce Dickson）在一篇文章里就认为："北京共识"认为，高速经济发展需要以增长为目标的政治精英的积极领导；同时，为了保证这些增长政策的实施并限制对平等和社会福利的需求，威权统治是必要的。然而，这个对中国经验的总结是错误的。如果威权体制是中国经济成功的关键，则中国在计划经济时代就应该有高速的经济增长，而过去30年的市场化改革也没有必要了。事实却是，如果没有市场化改革，中国不可能实现高速经济增长。同时，把"华盛顿共识"当作对新自由主义的总结，把"北京共识"当作对威权体制的总结，本身就是对这两个"共识"本意的误解。"华盛顿共识"是由时任世界银行经济学家约翰·威廉姆森（John Williamson）提出来的，其本意只是对新古典经济学政策的总结，而新古典经济学与新自由主义有着显著差别。"北京共识"是由《新闻周刊》前驻京记者约舒亚·雷默（Joshua Cooper Ramo）提出的，主要包括创新、平等且可持续增长和独立自主三点内容，并不涉及政府的性质问题。国外一些人给中国模式贴上一个扭曲的"北京共识"标签，其意实际上是要贬损中国。中国的成功为其他发展中国家树立了可以效仿的榜样，西方一些人对此高度警惕。把中国的经济成功归功于威权体制，表面上看是学术观点，实质是想通过贬损中国达到阻止其他国家效仿中国的目的。

在这个背景下，如何总结中国模式就变得至关重要。中国经验有许多值得总结的地方，但以世界为背景，我们要总结的是那些对其他国家有借鉴意义的东西。以此观之，"中国模式"这一说法可能不太准确，"中国经验"或者"中国道路"也许更为合适。但是，因为"中国模式"已经成为讨论话题，本文仍然沿用这个词。

本文认为，中国模式有四个基本要素：第一是社会平等；第二是贤能体制，这个词来源于英文 meritocracy，有人把它翻译为"精英主义"或"精英政治"，而本文认为翻译为"贤能体制"，也就是"选贤任能的体制"更加合适；第三是制度的有效性先于制度的纯洁性；第四是中性政府。

中国模式四要素

社会平等

在这里，我们要区分社会不平等、经济不平等以及政治不平等。经济不平等和政治不平等是暂时的。收入差距较大时，对富人多征税返还给穷人就能消除经济不平等。政治不平等也能通过政策的改变较快消除，比如说 2010 年"两会"就修改了原来"四个农村人相当于一个城里人"的选举办法。社会不平等则不同。社会不平等意味着社会被人为分成多个阶层，而且处于最底层的人也认为这种分割有合理成分。印度的种姓制度就是典型的社会不平等。从1911年的辛亥革命、1919年的五四运动到1956年的工商业社会主义改造和1958年的人民公社运动，中国在20世纪前半叶经历了连续不断的革命，这些革命打破了旧有社会秩序以及与此相关的文化和思想。比如，历史上文字是为特权阶级准备的，掌握了文字就高人一等，这也是一种社会不平等，但普通老百姓却认可这种不平等。再如，土地的集中导致无地农民对地主的依附关系，而这种土地所有关系往往得到社会认可。

为什么社会平等对经济增长有好处呢？

首先，它消除了进入壁垒，增加了社会活力。社会不平等意味着人分三六九等，等级之间的流动性很弱。高等阶层利用优势地位垄断社会资源，而且往往拒绝新技术和新事物，因为它们可能动摇其优势地位。

其次，社会平等提高整个社会的人力资本水平。在一个平等社会，人们更愿意发展公共教育而不是精英教育。印度是一个社会不平等很严重的国家，其人口中拥有大学文凭的人的比例高于中国，但文盲率却达到近40%，远高于中国。印度的制造业不如中国发达，与对工厂工作的轻视及缺乏合格工人有关。

最后，社会平等消除了强势利益集团对政府政策的影响，促进了中性政府的产生。

多数发展中国家没有经历真正意义上的社会革命，旧势力因此得以保存。在一些民主体制运转失灵的国家（如菲律宾），这些旧势力非但没有衰退，而且还得到壮大，掌握国家政治和经济命脉，极大地阻碍了国家的发展。印度的民主政治是发展中国家当中少数几个成功案例之一。但是，随着印度经济高速增长，收入差距将不可避免地拉大，而社会不平等将是决定收入差距态势的主要因素，低种姓和穆斯林无疑将是收入增长最慢的阶层，这对印度政治生态将产生决定性影响。由于独立之初没有消除旧有的社会不平等，印度面临的最大挑战是如何在民主的框架下完成一场社会革命，从而为未来经济发展扫清道路。

贤能体制

贤能体制在中国有悠久的历史传统，其核心是儒家思想和以科举为主轴的官僚体系。今天，国家干部体制也可以看作贤能体制的一部分。科举制度通过考试遴选官员，今天则通过层层选拔提拔干部。一个人要走上领导岗位，就需要从最基层做起，做出了成绩才可能得到提拔。在贤能体制里，培养一个干部需要很长时间。如果对比东亚和西方的民主体制，就会发现在东亚体制里很少有年轻的领导人。

贤能体制有什么借鉴作用呢？贤能体制的核心价值——选贤任能——可用来驯服民主的民粹主义倾向。在发展中国家，民主的敌人不是专制，而是民粹主义。由于民主的政治文化还没有养成，民主在一些国家变成纯粹的逐利工具，最终结果是国家无法做出任何有效决策。贤能体制强调少数精英的自主作用，因此容易做出决策，提高政府的效率。

同时，贤能体制强调官员的德行，在一定程度上对政府起到了约束作用。

制度的有效性先于制度的纯洁性

制度是重要的，这是制度经济学家道格拉斯·诺思（Douglass C. North）早就说过的，也得到很多经验事实证明。但是，一个好制度的核心是提供正确的激励。所谓正确的激励，就是让行为主体的追求和社会的追求尽量一致。要做到这一点是非常困难的。纯洁的制度就是在一系列标准的假设下所产生的最优制度。发达国家的学者总是不自觉地拿最优标准要求发展中国家，所以他们永远认为发展中国家没有做好，但也永远没有办法找到正确的路径，让发展中国家走向最优。多数发展中国家还处在比次优还要低的状态，怎么可能一步就跨到最优状态呢？中国30年的实践证明，追求有效的而不是最优的制度是完成制度转型的最优方案。所谓有效的制度，就是在特定条件下能提供有效激励的制度。这些制度可能不是纯洁的，但却可以达到一定目标。乡镇企业就是这样的制度安排。乡镇企业的产权界定不明晰，却发挥了地方政府和企业家双方的优势，在20世纪80年代的制度框架下，很好地起到了承上启下的作用。其他如价格双轨制、地方财政分权等，都属于这种中间状态的制度。就单个制度而言，它们无一是完美的，但组合在一起却把中国的制度变迁向前推进了一步。而许多这样的步骤加总在一起，就完成了中国的制度转型。

中性政府

中性政府是不长期偏向某个或某些利益集团的政府，它在分配资源的时候就不会被少数利益所左右，而是更多地考虑资源利用的效果，因此就更可能保证长期经济增长。中国政府在过去30年就是这样一个中性政府。改革本身是政府向社会让渡权力的过程，在一定意义上是对精英的革命。与此同时，政府虽然为老百姓办事，但也没有一味地迁就部分人的要求，放弃长期经济增长。中国政府能够做到这些，得益于两方面条件。

第一是政治基础，其中最重要的是执政党的自主性和包容性。在过去的30年间，党的规模扩大了一倍，党员成分日益丰富，并完成了从革命党向执政党的转变。党作为国家决策中枢，为各阶层和群体提供了表达意见的舞台，并在内部消化集中，最终形成国家政策。

第二是社会基础，即前面提到的社会平等。在不平等的社会，强势集团时刻威胁政府的统治。因此，政府的理性选择是和强势集团结盟，以巩固自己的统治。相反，在平等的社会，由于不存在强势集团的挑战，政府容易获得独立性，成为中性政府。

中国模式的前景

中国模式给中国带来极大的经济成功。但任何模式都不是完美无缺的，中国模式也不例外。就目前的情况来看，政府过多参与经济活动是最大的问题，这与当前学术界和政策界正在热议的结构失衡有关。

结构失衡表现在三个方面。

第一是居民收入占GDP的比重从20世纪90年代中期的68%急剧下降到目前的52%，几乎每年下降一个百分点。居民收入的主要构成部分是劳动报酬，由于工业比农业使用更多的资本，劳动报酬占GDP的比例会随着工业化进程而下降。因此，别国在发展初期也出现过居民收入占比的下降。然而，像中国这么剧烈的下降很少见。

第二是居民消费占GDP的比重从2000年的60%以上下降到目前的48%，下降更为剧烈。这一方面说明老百姓的福利没有随经济增长得到相应改善，另一方面也加剧了我国对国外市场的依赖。

第三是经常项目盈余占到GDP的10%，这意味着我们创造的GDP既没有被消费掉，也没有全部变成投资，而是变成了净储蓄输出给其他国家，特别是美国，给别人花掉了。

导致结构失衡的原因很多，而政府对经济的过度参与是其中最重要的原因之一。

首先，政府过度参与经济活动导致生产性支出占政府总支出的比例过高。在过去的十多年里，这一比例在40%~50%之间，是世界上最高的。而排在第二位的新加坡这一比例是25%。政府生产性支出多，好的方面是政府真是为了中国的长远发展着想，不好的方面是扭曲了经济结构。政府的生产性投资是对企业的补贴，从而提高了企业的盈利空间，促使企业进行更多投资，但也会抑制劳动收入的提高。

其次，在发展经济的名义下，地方政府往往难免做出损害民众利益的事情。

再次，过度参与经济活动还导致政府忽视民众改善福利的基本要求。改善基础设施使老百姓受益，但也有很多基础设施并不能造福百姓，而是政绩工程。

最后，政府过多参与经济活动还给利益集团影响政府以可乘之机。既然经济发展是政府最重要的目标，那么它就很容易和强势集团结盟，中国也就失去了中性政府存在的基础。

在20世纪60—70年代，巴西的年均经济增长率超过7%，创造了"巴西奇迹"。但是，巴西当年的贫富分化剧烈，随之而来的是20年的高通胀和经济停滞。这里当然有债务危机等其他因素的作用，但社会不平等的恶化可能是关键性因素之一。像其他发展中国家一样，巴西陷入了"中等收入陷阱"。反观一些成功转型的国家，民主的扩大是摆脱中等收入陷阱的重要步骤。如韩国于1992年开始民主化进程，当时它的人均收入按2000年购买力平价计算是10000美元。我国现在人均GDP按购买力平价计算是8000美元，接近韩国当时的水平。当然，韩国的成功转型还有很多原因，但民主化与转型之间的这种关联至少值得仔细探讨。

目前，更广泛的民众政治参与至少有以下三方面作用。

第一是降低政府支出中投资的比例，缓解经济失衡。民众不一定需要那么多的政府投资，可能需要更多的教育和社会保障。

第二是有利于建立公共财政型的政府，现在的政府太偏向生产，而相对忽视了民众福利的改善。

第三是化解社会矛盾。当前，政府在某种程度上是"救火队"，哪里出了问题就去哪里救火。民众参与政府决策意味着民众自己变成了决策者，而政府变成了执行者，民众和政府同时要为决策后果负责。从这个意义上讲，民主有利于化解社会矛盾，同时也为政府减轻压力。

中国在制度转型和经济发展方面走出了一条具有世界意义的中国道路。同时，中国的许多经验对世界主流经济学和政治学理论提出了挑战，这给了我们机会，让我们可以通过研究中国形成伟大的理论。反过来，既然中国的经验具有世界意义，那么中国是否就可以摆脱世界经济和政治发展的一般规律？这是我们需要认真思考的问题，也是决定未来20年中国走向的最重要问题。